SORTIR DE LA PAUVRETÉ

Espace Kinshasa

Dirigé par Léon Matangila (Kinshasa)
et Eddie Tambwe (Paris)

Dernières parutions

Elfia Elesse, *Mots français, Cœur d'Afrique,* 2006.

José Patrick Nimy Mayidika Ngimbi, *Je ne renie rien. Je raconte,* 2006.

José Patrick Nimy Mayidika Ngimbi, *Les raisons d'un retour (Défis pour la RD-Congo),* 2006.

José Kaputa Lota, *Identité africaine et occidentalité,* 2006.

Sylvain Shomba Kinyamba, *Les sciences sociales au Congo-Kinshasa, Quelques repères*, 2006.

Mwayila Tshiyembe (sous la direction), *Le défi de l'armée républicaine en République Démocratique du Congo,* 2005.

Didier Mumengi, *Panda Farnana, Premier Universitaire congolais*, 2005.

Cöme Khonde Ngoma Di Mbumba, *Boma 1ère capitale de l'Etat Indépendant du Congo 1885-1908*, 2005.

Justin Lambert Ginzanza U-Lemba, *La chanson congolaise,* 2005.

Sylvain Shomba Kinyamba, *Kinshasa Mégalopolis malade des dérives existentielles,* 2004.

Didier Mumengi

SORTIR DE LA PAUVRETÉ

La révolution du bon sens au Congo

L'Harmattan
5-7, rue de l'École-Polytechnique ; 75005 Paris
FRANCE

L'Harmattan Hongrie
Könyvesbolt
Kossuth L. u. 14-16
1053 Budapest

Espace L'Harmattan Kinshasa
Fac..des Sc. Sociales, Pol. et Adm. ;
BP243, KIN XI
Université de Kinshasa – RDC

L'Harmattan Italia
Via Degli Artisti, 15
10124 Torino
ITALIE

L'Harmattan Burkina Faso
1200 logements villa 96
12B2260
Ouagadougou 12

Du même auteur

- *Esprit de rupture,* Bruxelles, Edition Pop-Copy, 1995.
- *Désir de vérité* (Livre-Entretien), Bruxelles, Editions Havaux, 1997.
- *Drame familial* (Théâtre populaire), en collaboration, Kinshasa, Editions Safari, 2000.
- *Pacte de sang* (Ballet), en collaboration, Kinshasa, Editions Safari, 2000.
- *Conspiration du silence* (Théâtre), en collaboration, Kinshasa, Editions Safari, 2000.
- *Les Jeunes sans toit à Kinshasa* (Etude du phénomène des enfants de la rue), Kinshasa, Editions Universitaires Africaines, 2001.
- *L'Univers des jeunes sans toit, Kinshasa,* Editions Arc-En-Ciel, 2001.
- *L'Avenir à bras le corps. Prospective pour le développement de la République Démocratique du Congo,* Kinshasa, Editions Universitaires Africaines, 2001.
- *Le Chantier de la paix, Partenariat pour la paix et le Co-développement dans la région des Grands Lacs,* Kinshasa, Editions Safari, 2002.
- *Panda Farnana, Premier Universitaire Congolais,* Paris l'Harmattan, 2005.

http://www.librairieharmattan.com
diffusion.harmattan@wanadoo.fr
harmattan1@wanadoo.fr

ISBN : 2-296-01703-7
EAN : 9782296017030

Sommaire

Participer au nécessaire effort de
renouvellement de la pensée

Prologue

Si les idées que je défends ne peuvent susciter que mépris et désintérêt, si l'on finit par me convaincre qu'elles ne peuvent guère se réaliser, qu'elles ne sont que rêveries, illusions et fantasmes, si la démonstration conceptuelle esquissée dans cette réflexion ne suffit pas pour faire argument, je pourrais, dans ce cas, penser que je me suis trompé de convictions. Et si j'osais, je pourrais ajouter que je me suis trompé d'humanité, que notre sous-développement est une damnation. Ce sentiment de défaite de notre humanité hante bien des esprits. Exorciser cette aberration est la raison d'être de la doctrine de la *Révolution du Bon Sens.* Car si rien n'est fait maintenant, si on ne peut pas se dégager des pensées mortes, des attitudes négatives, de la perte de confiance et d'estime en nous, si chacun d'entre nous n'entreprend pas dans chaque acte de sa vie quotidienne, le dépassement immédiat de la crise et la naissance de la vie, alors, la souffrance demeurera à jamais au cœur de notre destin individuel et collectif. Cet avenir est évitable !

De par sa place géostratégique, notre pays a l'obligation d'être la matrice du progrès de l'Afrique au Sud du Sahara. Telle est l'alternative qu'ouvre la crise qui nous endeuille, dans son ambiguïté et dans son ampleur. Faut-il encore dire que le Congolais possède dans son for intérieur, dans ses facultés immanentes, tout ce qui fait l'être humain, de sa régénération néolithique à la révolution numérique, à savoir l'intelligence, l'imagination créatrice, la noblesse morale et la clairvoyance, qui autorisent partout ailleurs : prouesses technologiques, inventivité et innovation, progrès social, prospérité économique et accès de tous au bonheur…! Je n'en doute point ! Voilà pourquoi je me bats, croyant que le Congolais est en mesure, s'il le décide, de les mettre en action pour rejoindre les autres sur les boulevards du mieux-être général. C'est donc essentiellement une question de décision, de volonté, d'abnégation, de détermination et de résolution.

Je sais que le seul fait de concrétiser sa pensée heurte la pensée des autres. Je sais que les mots que j'emploie n'ont peut-être pas le même sens pour tout le monde. Je sais que ma démarche, qui me semble naturelle, inévitable et relevant du devoir civique, paraît insolite à certains. Blaise Pascal dirait[1] : « *On se persuade mieux, pour l'ordinaire, par les raisons qu'on a soi-même trouvées, que par celles qui sont venues dans l'esprit des autres* ». En vérité, je garde dans un coin de l'esprit, petite flamme entêtée à ne guère s'éteindre, l'idée que nous allons lentement mais sûrement vers plus de raison, que la prospérité de l'économie du Congo et l'accès des Congolais au mieux-être sont possibles et qu'ils se produiront.

Sachant que la fin de l'espoir engendre le filet maléfique du vice et de l'inconduite, le désespoir ne me fréquente aucunement. J'ai conscience que l'homme est un animal prévoyant et rêveur, qui vit par l'esprit autant que par le corps. Etant par conséquent un éternel insatisfait, il ne cesse point, jusqu'à sa mort, de courir après un changement de condition qu'il escompte toujours bénéfique, en sublimant le rêve et l'espoir. Comment ne pas noter également que l'homme est fondamentalement un être qui espère, et que rien, génétiquement, ne porte à se résigner ! Cette caractéristique découle du fait que l'homme espère toujours que l'univers dans lequel il vit, finira peu à peu par rejoindre l'idéal qui dirige son désir d'avenir. Cet idéal, cet objectif, se développent vers l'avant en processus irréversible. Aussi, étant incontestablement un extraordinaire réservoir de bras capables d'efforts opiniâtres de travail, d'intelligence scientifique, de savoir technique, de talents littéraires et artistiques, quoi qu'on dise, le Congo, j'en ai la ferme conviction, demeure une réelle promesse de prospérité économique et de progrès social. Puisque c'est généralement au terme d'une évolution doctrinale que ce qu'il y a de plus fondamental dans l'engagement intellectuel peut apparaître, la Révolution du Bon Sens dont le credo est le refus de la vision déterministe de l'histoire, la passion de l'ordre, l'obsession de la probité, le culte de la construction et la manie de la salubrité, offrira, à coup sûr, un terrain où les engagements majeurs de la pensée se concrétiseront un jour.

Le développement, susurre-t-on, c'est le passage, pour chacun et pour tous, des conditions moins humaines à des conditions plus humaines : combien de temps allons-nous laisser l'inaction courtiser nos consciences et clouer notre humanité dans son bas âge ? Devant l'ampleur et l'urgence de l'œuvre à accomplir, a-t-on calculé le prix

[1] *Dictionnaire des citations françaises et étrangères*, Larousse, 1996.

de l'inertie ? Les nations et les peuples sont des régiments de marcheurs. Ils marchent sur un tapis roulant, un tapis impitoyable, cynique, qu'on appelle *Histoire*. Ce tapis, cette *Histoire*, se déroule en sens inverse de nos marches. Ceux qui restent immobiles s'écroulent. Ceux qui marchent lentement reculent. Ceux qui marchent normalement font du surplace. Seuls ceux qui courent progressent. L'histoire est donc un défi fait à l'homme. Le même homme, en fonction de sa mentalité, ne relève pas ce défi ici, mais ailleurs il le relève. Or, relever ce défi est définitoire de l'homme.

Nous voici devant le jeu des forces mentales, qui nous amène à dire que le Congo se développera non pas tant parce qu'il possède le cuivre ou le diamant. Il se développera le jour où il y aura, dans le pays, moins d'hommes d'affaires et plus de capitaines d'industries. Il se développera le jour où s'éveillera une classe d'entrepreneurs congolais capables de transformer ce diamant ou ce cuivre en biens utilitaires. Le Congo se développera le jour où l'Etat congolais se donnera comme missions impérieuses le rayonnement des vertus de l'ordre et du devoir, la diffusion des connaissances pratiques, le règne de l'esprit de compétition, de la mobilité mentale, géographique et organisationnelle, la valorisation du commerce, de l'usine, de l'entreprise et de l'industrie. Ce processus n'est possible que par le désenclavement culturel et la germination d'un contexte psychologique, moral et social débarrassé de tabous et de tout enfermement tribal ou coutumier.

Ce contexte, c'est la liberté. Elle consacre la maturité de la société. Les citoyens cessent de masquer leurs véritables sentiments. Gustave Le Bon avait pleinement raison, en affirmant, dans *Hier et Demain*, que : « *les divergences intellectuelles se supportent et une raison faible s'incline facilement devant une raison forte. Les divergences sentimentales, au contraire, ne se tolèrent pas. La violence seule les fait céder* ». Une société de liberté admet plus aisément que les opinions divergent. Chacun prend conscience qu'il peut et qu'il doit être lui-même dans l'intérêt de la communauté. La servilité, l'obséquiosité, la flagornerie, la couardise, la médisance, la haine et la jalousie, qui sont les marques d'une société de la peur, de la paresse et de la méfiance, reculent. L'esprit de responsabilité s'installe. Chacun se sent capable de décider ce qu'il désire être ou faire. Des aptitudes longtemps ignorées et des sentiments toujours refoulés développent une nouvelle ardeur à articuler des ambitions entreprenantes pour soi et pour l'intérêt commun. On supporte mieux aussi bien les accords que les désaccords, à la fois en nous-mêmes et vis-à-vis des autres. Parce qu'on est convaincu que la société admet l'expression de sentiments très personnels, chacun sent la possibilité de dire : voilà ce que je ressens, ce que je pense, ce que je veux pour moi et pour mon pays ! Les opinions radicales deviennent des moyens audacieux pour inventer des chemins nouveaux. Mieux, la transgression des normes coutumières devient des ruptures régénératrices possibles, attestant, en tout état de cause, l'efflorescence de l'intelligence. Les rivalités et les adversités ne s'expriment plus par la violence et les réactions belliqueuses, mais plutôt par la confrontation ouverte et honnête des intelligences et des talents.

De fil en aiguille, la société s'appuie plus sur elle-même et moins sur une autorité extérieure. Quand la société accepte d'expérimenter cette liberté, il devient possible d'aboutir à un consensus unanime raisonnable sur les problèmes majeurs qui concernent la marche volontariste vers la prospérité et le mieux-être collectif. Cette attitude implique aussi la croyance que l'être humain est capable de se retrouver dans son expérience personnelle, et de suivre sa propre vérité, son propre chemin, et d'inventer ce qui lui convient le mieux. La liberté signifie donc quête d'une conscience de soi qui permette à tout un chacun de trouver un sens à son existence, d'être en accord avec soi-même, d'être capable d'agir de manière authentique, de devenir conscient de la manière dont le pays et le monde évoluent, conscient de nos valeurs propres et de nos conditionnements internes, tout en étant prêt à les modifier selon que des nouveaux horizons ou des nouveaux défis surgissent.

Il est venu le temps, par conséquent, pour l'homme congolais, de se sentir libre de chercher ses points d'ancrage, une certaine conviction, une foi qui lui soit un phare pour se guider, une croyance ou une doctrine qui lui permette non seulement de visualiser un bien meilleur avenir, mais de recevoir cette boussole doctrinale comme un baume qui atténue les frustrations et les angoisses que la vie engendre inéluctablement. Ainsi il se donne une échelle de valeurs qu'il partage avec les membres de sa communauté. Aussi, la manière dont il vit dépend des valeurs qu'il adopte, de ce qui, à ses yeux, donne un prix à son existence. Et si les deux motivations fondamentales de l'homme sont d'explorer le monde et de lui donner un sens, la qualité essentielle de l'être humain est de prendre conscience de ses conditionnements, en se sachant responsable et capable de chercher de nouvelles valeurs pour participer à l'échafaudage du règne du mieux-être général dans sa communauté. Se résigner à l'inaction, c'est accepter que sa fidélité à la communauté devienne essentiellement cosmétique et vide de sens. Or l'homme doit se convaincre qu'il a quelque valeur pour les autres, et que ces autres doivent lui montrer, par leur comportement, que son propre comportement a pour eux une vraie importance. Le sentiment de sa propre valeur aux yeux des autres donne à l'individu une profonde satisfaction, laquelle non seulement confirme le sentiment de son identité, mais lui apporte l'assurance de sa propre valeur, et le respect de soi.

Tout être humain a besoin d'être conscient de cette valeur. Etant à la racine de nos relations sociales, ce besoin fondamental est un concept essentiellement psychologique et non politique. Il désigne la possibilité, pour un individu, d'effectuer ses propres choix et d'agir conformément à son choix. Psychologiquement, ce terme de valeur évoque, in fine, la capacité d'expérimenter ses possibilités, de progresser et de reculer, d'être et de ne pas être. Aussi bien, à mesure que l'homme évolue et se développe, ce concept s'élargit et englobe une réalité plus vaste. Il s'épanouit pour autant que nous comprenons qu'il signifie apprentissage des responsabilités, capacité d'en tirer un avantage réel et libération des aliénations qui nous ligotent. Ainsi, l'homme devient conscient de ce qu'il est et désireux de mettre en œuvre les virtualités qui gisent en lui.

Pour que l'individu acquière, maintienne et enrichisse le sentiment de sa propre valeur, il faut cependant qu'il se sache utile aux autres et à la société. Il faut qu'elle personne sente qu'elle fait partie intégrante d'un immense réseau qui s'étend dans le temps et dans l'espace. Il faut qu'il sache que son existence a un sens, que sa communauté n'est aucunement sous une quelconque tutelle. Ainsi naît la socialisation qui ne consiste pas simplement à apprendre à vivre avec les autres, mais découle aussi de toute expérience complexe d'apprentissage, parce qu'elle fournit à celui qui apprend des symboles, des talents et des outils qui lui permettront de communiquer avec autrui. Un tel apprentissage crée ou suscite des interdépendances nécessaires entre les individus, à l'instar de celles qui s'établissent entre l'écrivain et ses lecteurs, entre l'entrepreneur et le demandeur d'emploi, entre le producteur et le consommateur, entre le créateur et l'usager. C'est à l'aune de cette appréhension que l'homme se montre prêt à se sacrifier pour une cause qui le dépasse, à se battre et à mourir pour son pays, avec ou sans espoir de récompense. Cet homme devient un patriote. J'ai toujours voulu être cet homme-là, capable d'imagination audacieuse, ayant une âme ferme, s'exerçant au culte de la rectitude morale. En écrivant ce livre consacré à la doctrine de la Révolution du Bon Sens, je formule la prière que tous les Congolais deviennent cet homme-là, ce patriote-là.

Sans valeurs qui soumettent la vie au quotidien aux règles de l'entendement fondé sur la foi en la toute-puissance de la raison, l'avènement de cet homme restera vœu pieux. Il nous faut sans délais édifier une éthique du futur, qui suppose une conscience plus aiguë du rapport de l'homme au temps et à l'espace, et une prospective des valeurs. Lorsqu'on parle de valeurs, on doit illico saisir les deux principales qualités de l'homme : savoir se donner un but déterminé et être capable de décision énergique pour transformer ce but en réalité. En d'autres termes : s'octroyer la latitude de créer un idéal et de s'élever pour l'atteindre. On retrouve ce par quoi l'homme se distingue de toutes les autres créatures, c'est-à-dire : la pensée. Quand l'homme pense, il rêve. En faisant en sorte que son rêve se réalise, l'homme agit. Il vit. Quoi que l'homme rêve de faire, pense faire ou croit qu'il puisse faire, il le fera finalement ! L'homme n'a rien sans effort, il obtient toujours tout ce après quoi il court, même si le temps indispensable ou la difficulté de la tâche peut faire qu'on n'obtienne pas ce pour quoi on a couru. Ceci souligne la finitude de l'homme et donc la nécessité, pour certains combats, de réaliser le passage des générations (temps) et d'être unis (effort).

Le bonheur, pour un peuple ou pour un individu, ce n'est guère un don gratuit de la Providence. Il faut en faire une foi, en avoir le projet, le désirer puissamment, se l'assigner comme objectif, en posant, dans le contexte républicain, le *droit à l'accès au bonheur pour tous* comme raison d'être de la communauté nationale, comme le premier des droits à conquérir, à côté du droit à la vie et à la liberté. Le bonheur pour tous n'est possible que s'il jaillit comme devanture d'une rigoureuse organisation sociale et économique locale. Cette organisation doit naître de l'intérieur, du dedans, dans le pays, même si l'assistance extérieure peut être utile et parfois indispensable. Mais comme le développement économique et social a pour ambition de transformer la société dans son ensemble et non de créer des enclaves d'économie moderne dans un ensemble vautré dans le mal développement, toutes les composantes de la société doivent être impliquées et engagées : l'Etat, l'initiative privée, la société civile, les communautés de base, les familles, les jeunes, chaque homme et chaque femme. Tout ceci résume le fait culturel, parce qu'un projet de développement n'est rien s'il ne s'inscrit pas dans un contexte moral fécond, dans un cadre institutionnel favorable et dans un environnement économique sain. Comment nier, par conséquent, que le sous-développement est une histoire de facteurs culturels qui défavorisent, tandis que le développement est un essor résultant essentiellement de la convergence des facteurs culturels favorisants ? Comment ne pas admettre que la clef du salut de notre pays réside dans la qualité de notre comportement et de notre pensée ? Comment ne pas reconnaître que notre pire ennemi est cette névrose personnelle qui nous condamne à l'immobilisme, à l'inertie, aux préjugés et à l'indifférence, si bien que l'on en arrive à denier toute signification à la vie elle-même ? Or, dirait Socrate : *« on ne peut mieux vivre qu'en cherchant à devenir meilleur... »* C'est un fait culturel, qui est, en somme, l'art de relever à l'être humain le sens intime qui doit gouverner ses actes, préparer l'emploi de ses énergies et lui communiquer le goût et la force de vivre pleinement.

Allant jusque dans les domaines les plus matériels, c'est-à-dire les investissements, la production, les échanges, le fait culturel est, en définitive, l'ensemble de traits immatériels d'une société qui infléchissent le comportement de tout peuple et le cheminement de toute civilisation : les religions, les préjugés, les superstitions, les tabous, l'attitude à l'égard de l'autorité, les réflexes historiques, la morale de l'individu et du groupe, l'éducation et les valeurs que la société distille. Il semble bien qu'il y ait là un principe universel qui commande l'évolution des hommes et des cultures. Ainsi la Révolution du Bon Sens ose le rêve que l'unité du Congo ne se brise jamais... Que tous ceux qui travaillent soient correctement récompensés... Que des gigantesques constructions poussent comme des champignons pour honorer la grandeur de l'âme congolaise et faire la fierté de l'humanité que nous représentons au cœur de l'Afrique... Qu'il y ait de nombreux hôpitaux, jusqu'aux villages les plus reculés, où les malades puissent trouver une prise en charge correcte, où les médecins soient bien payés et disposent d'un matériel de travail approprié et performant... Que ceux qui étudient acquièrent le savoir nécessaire pour être valablement les piliers de demain... Que les familles aient le droit de vivre et d'élever leurs enfants dans la dignité, à l'abri de la faim et de la misère, sans crainte d'être victimes de violence ni d'être privées de liberté... Que les routes sans trous, les rails viables, les ports sûrs et les aéroports modernes foisonnent et permettent la libre et confortable circulation des Congolais et de leurs biens... Que les rues et tous nos lieux de vie soient propres... Que tout étranger soit accueilli chez nous à la fois comme un nouveau citoyen et une nouvelle chance de développement... Qu'il n'y ait plus de haine entre communautés et de jalousie entre citoyens... Que ceux qui investissent récoltent sans tracasseries le fruit de leur besogne... Que l'ordre et une solide liberté règnent dans la cité et la confiance réciproque entre Congolais... Qu'il naisse et se consolide une nouvelle race d'hommes d'Etat, dont le dévouement à la cause de la nation tienne lieu d'honneur personnel et la victoire sur le sous-développement de gloire particulière.

Ce rêve, tous ces rêves sont ici présentés comme un corpus idéologique au centre duquel trône un projet de société dense, précis, crédible, applicable, nécessaire, et qui, de bout en bout, met en exergue le courage des propositions inédites. Des réformes-clés, des concepts totalement nouveaux sont développés avec lucidité pour renforcer la crédibilité politique et la capacité de gouvernance de l'Etat congolais.

Ici, l'ambition procède d'une volonté unique et ferme : supprimer la peur de l'avenir, sortir de la société du défaitisme, la société sans horizon, la société sans espoir, pour diffuser la certitude que le Congolais s'est dorénavant armé de tout ce dont il faut pour gouverner le Congo avec compétence et clairvoyance. Dans la foi qu'il n'y a de développement véritable que de soi et par soi, toute la quintessence de cet ouvrage réside dans la restauration des liens entre le rêve, la pensée et l'action, pour susciter des engagements citoyens responsables et constructifs. Oui, loin des vaines et mythiques espérances d'un développement par l'aide extérieure, nous pouvons construire un autre Congo. Oui, de nos mains propres, par notre puissance de réflexion et à la sueur de nos fronts : un nouveau Congo peut jaillir ! Telle est ma conviction, ma volonté, mon ambition. Cet ouvrage en est l'écriture.

Didier Mumengi,
Juin 2006.

Première partie :
Le sens d'un engagement

La Révolution du Bon Sens

Qu'est-ce à dire ?

Quand quatre décennies durant, le destin d'un continent n'a été abordé qu'en soupirs et interrogations désemparés, du genre :

- *l'Afrique noire est mal partie* (R. Dumont, 1962) ;
- *l'Afrique peut-elle partir ?* (Meister, 1966) ;
- *Et si l'Afrique refusait le développement ?* (A. Kabou, 1991) ;
- *l'Afrique, continent convoité* (Elikia M'Bokolo, 1985) ;
- *l'Afrique va-t-elle mourir ?* (Ntakarutimana, 1992) ;
- *l'Afrique malade d'elle-même* (Tidiane Diakité, 1986) ;
- *l'Afrique en panne* (J. Giri, 1986) ;
- *l'Afrique, terre qui meurt* (JP. Harroy, 1945) ;
- *Afriques sans foi ni loi. Mort aux droits de l'homme* (L. Mékongo) ;
- *L'Afrique noire va imploser* (Achille Mbembe, 1990).

Quand au soir d'une journée harassante, des jeunes regardent la télévision et s'écrient : « ce *pays ne vaut plus rien* ! ». Quand le professeur Kambayi Bwatshia s'exclame : « *Plongés dans la misère la plus noire de leur histoire, cherchant nerveusement comment vivre et survivre, les Congolais, visiblement, se mettent chaque jour à la recherche du nouveau, du renouveau, d'un nouveau Messie, qui peut leur apporter le salut, la délivrance et le bonheur* ».[1] Quand, pour l'ensemble de la jeunesse, l'avenir se pense ailleurs, c'est-à-dire hors du pays, n'importe où, à n'importe quel prix. Quand Kimbambi Shintwa, journaliste émérite, lance le 24 novembre 2004 à 19 heures, en plein journal parlé de Tropicana T.V. : « *Il paraît que les Congolais n'aiment pas le Congo*... ». Quand Cheik Anta Diop révèle : « *Les civilisations d'outre-mer sont dotées de génies variés et riches. Toutes ont pourtant ce trait commun d'accorder plus d'attention à la bonté de la vie qu'à leur puissance productive. On dit que les Chinois méprisent la force, que l'Inde ne veut pas s'encombrer de techniques matérielles, que le fier Arabe méprise*

---

[1] Kambayi Bwatshia, *Evangélisme au cœur de Kinshasa*, Eugemonia, Kinshasa, août 2003, p.9.

l'argent, que le Nègre ne s'inquiète pas de l'avenir. A quoi correspondent toutes ces valeurs dédaignées ? Tandis que l'Europe a l'ambition de créer des œuvres, un ordre durable, les autres savourent la durée à même les données naturelles. L'Europe exalte la volonté individuelle, les autres se fondent sur l'économie de l'enveloppant, et respectent la vitalité autonome du monde. L'Europe se crispe, se stylise et dramatise le cours de sa vie, s'organise contre la nature. Les autres s'abandonnent à elle. L'Europe a élu la souffrance et la mort. Les autres ont choisi la paix et la vie. L'Europe s'est vouée à la production dans la souffrance, les autres à la consommation dans la paix ».[1]

Quand le Congo ne cesse d'être *un destin qui marche à pas fixes, où chaque seconde qui passe, chaque acte de nos vies respectives, chacun de nos silences rend plus certain le suicide* de la nation la plus riche d'Afrique… Il faut quelqu'un pour crier : *« Le Congo se meurt et on n'a pas droit de le laisser mourir ».* Il faut bien que quelqu'un se lève pour *rêver de la patrie,* même si ce rêve peut ressembler à une illusion, à une chimère, bref à une utopie, c'est-à-dire à un projet dont la réalisation est impossible.

Non, ce rêve n'est pas un plan de *Gouvernement imaginaire,* mais une vue politique qui tient compte de notre réalité, une construction rigoureuse de notre société qui constitue pour moi un idéal total. C'est à ce point de vue qu'il constitue une utopie. Mais l'utopie n'est-elle pas au cœur de toute création, de toute innovation ? Les *utopies à la française* le démontrent : les droits de l'homme dirigent aujourd'hui le monde. Comme la réalité d'aujourd'hui a été, hier, un rêve, l'utopie témoigne de la valeur positive de l'imaginaire comme moteur du réel à venir, comme projet de la future réalité, comme pionnière des prochaines constructions, comme vérités anticipées. Il n'existe qu'une mauvaise utopie, c'est celle de la société parfaite, sans conflits, sans contradictions et totalement harmonieuse. La bonne utopie se fonde plutôt sur des possibilités non réalisables encore.

Voilà pourquoi la Révolution du Bon Sens formule l'ambition d'alimenter des séances chroniques de thérapie communautaire, en étant une doctrine de l'éveil de l'estime de soi. Son enjeu est de permettre à chaque Congolais de redécouvrir son potentiel personnel, les atouts de prospérité de notre pays en piaffement dans les

---

[1] Mudimbe V.Y., *Autour de la Nation, Leçon du civisme,* Coll. « Objectif 80 », Ed. du Mont Noir. Kinshasa-Lubumbashi, pp. 54-55.

profondeurs de chacun, et les valeurs anoblissantes en somnolence dans nos traditions, afin de les mobiliser au service d'une dynamique salvatrice individuelle et collective. L'objectif est d'amener chacun de nous à devenir sujet de son histoire et artisan responsable de la construction volontariste du mieux-être national. Car, dans des moments d'extrême péril, la qualité des hommes pèse plus lourd que la qualité des institutions. Mieux valent des institutions médiocres entre des mains fermes et sagaces que des institutions théoriquement fortes entre des mains inexpertes et baudruches. Il est donc question que l'homme congolais se sache intrinsèquement habité par des ressorts, des aptitudes et des réactions capables de forcer le destin.

Le salut du Congo attend l'avènement de l'homme congolais de caractère et de jugement. Toutes les garanties que peuvent apporter le passé, le prestige, les études, les diplômes ne représentent rien devant l'épreuve quand celle-ci est avant tout celle du caractère et du jugement. Le jugement, c'est-à-dire la juste appréciation des faits, des hommes et des choses. Le caractère, c'est-à-dire l'énergie et le courage mais aussi et avant tout la foi, la foi dans le génie congolais, la foi dans la Patrie et dans les principes qu'elle représente. Seule cette foi peut nous permettre de triompher dans les situations tragiques où nous jettent les fautes que nous commettons depuis le 30 juin 1960. Il s'agit, en effet, du retour complet de l'homme à lui-même en tant qu'être pour soi, être de progrès, créature de chair, de sang, de raison et de sentiments, porteuse d'idéal et à qui la société a pour devoir de donner les moyens de s'épanouir et poursuivre sa propre prospérité. Ce nouvel homme devra donc être éminemment social, pleinement humain, opérant un retour conscient vers lui-même, en conservant toute la richesse de développement antérieur, en réactualisant le passé profond sans supprimer l'acquis historique. Il ne s'agit donc plus simplement d'énoncer les bonnes résolutions, il convient de s'assurer de la capacité à les mettre en œuvre. Car un programme de redressement national bien conçu peut n'avoir qu'un impact négligeable si les artisans dudit programme manquent de capacité de créer l'environnement qui permettra d'obtenir un résultat positif. Il était temps de revenir à la question des valeurs qui structurent en amont les orientations politiques. L'affirmation de cette nécessité du retour aux valeurs relève de la rationalité et non des bons sentiments.

Oser une doctrine

Une réflexion politique revient souvent à un exercice où l'on donne de la voix à ses convictions intimes et une plausibilité certaine à ce que l'on désire, en conséquence, faire aménager dans l'espace public. Cela suppose donc préalablement de dessiner, tels qu'on les voit, les enjeux à venir puis de choisir, sur cette base, les défis collectifs que l'on se propose de relever.

Les Américains comme bien d'autres peuples pensent et rêvent le monde. Est-il normal que nous, au Congo, nous ne le pensions aucunement, et que nous ne le rêvions nullement ? La thèse que nous défendons pour vaincre notre sous-développement : il faut faire jaillir un nouvel ordre de priorités dans l'organisation de la vie collective, en donnant à chaque Congolais la force et l'appétit de participer à la réfondation et au développement du Congo. Or, notre société souffre d'un dérèglement de son rapport au temps. Une contradiction majeure nous travaille. Il nous faut aujourd'hui nous projeter dans le futur pour survivre et prospérer. Et nous manquons de plus en plus de projet. La société ne sait donc pas recourir à une grille de lecture du monde à venir. Chacun peut aisément noter qu'une telle démarche est pertinente parce qu'elle débouche sur l'énoncé des enjeux qui sont attachés à cette grille, lesquels permettent de jeter un regard lucide sur le sens des choses comme conducteur de l'action, et subséquemment qu'elle offre les moyens de faire le choix des défis à relever. Tant à propos de la crise et l'urgence du redressement national qu'à propos des finalités et des raisons mêmes de l'existence du Congo comme nation, Etat et République, un grand débat s'impose, pour co-produire un discours partagé auquel un projet politique montrerait le cap. Mais aujourd'hui, le constat laisse pantois : la vie politique est sans doctrine. Les grands schémas de pensée et de représentation à long terme semblent s'être effondrés. Nous ne parvenons plus à nous projeter dans une perspective à long terme. Et la société s'installe dans la logique de l'instant. Ainsi, à la tyrannie de l'immédiateté, qui sert d'espaces propices à l'émergence des esprits et consciences situationnistes, carriéristes et opportunistes, répond la tyrannie de l'urgence. Celle-ci s'accompagne de l'effacement accéléré des références à l'idée de projet collectif. Elle imprègne tous les processus sociaux en érigeant en principe absolu de l'action collective l'impératif de résultat immédiat.

Cette tyrannie de l'urgence déstructure le temps et délégitime l'utopie. Le temps semble aboli par l'instant. Au nom de l'urgence, la société se tourne vers l'extérieur comme des poches retournées, et plus rien ne reste de ce que nous sommes. On ne sait plus identifier nos problèmes, déceler les attentes, dénouer les blocages, analyser avec clairvoyance de quelle manière notre société peut se transformer. Partout, dans sa débrouillardise et son culte de l'instant, cet homme congolais d'aujourd'hui, frappé de myopie du présent, d'amnésie à l'égard du passé et d'incapacité à s'inscrire dans un futur sensé, s'arroge des droits sur l'homme congolais de demain, met en péril sa vie, et prive le pays d'avenir. La mise en œuvre des dispositifs d'urgence, conformément à la logique de l'instant, a-t-elle pour autant débouché sur la résolution des problèmes ? Sans sous-estimer la volonté d'assistance de la communauté internationale, on ne peut s'empêcher de dire que les maigres résultats obtenus par l'aide au développement semblent témoigner du contraire. Quels que soient nos préjugés, nos prétentions ou nos préférences, on doit s'incliner devant les faits d'observation. Comment alors réfléchir aux moyens de surmonter ces obstacles, en posant les premiers éléments d'une éthique neuve du futur ?

Il faut un changement fort qui ne soit pas une simple contestation de la classe au pouvoir, pour elle-même et ses alliés, mais qui assume plutôt la révolte du peuple. Il faut du radicalisme, un renversement de l'ordre mental existant et l'instauration d'un nouvel ordre. Dès lors, ce changement signifie à la fois meurtre et création, c'est-à-dire une *révolution*. Et l'accent étant mis avant tout sur les idées, la conception, il faut entrevoir le changement dans le long terme.

Une révolution peut-elle se concevoir sans une doctrine qui encadre l'engagement des patriotes pour le changement et les aide à bien voir, juger et agir ? Il s'agit ici de donner corps à cette révolution afin que la société congolaise développe une capacité systémique nouvelle impliquant dans sa matérialisation la dynamique d'une nation en reconstruction volontariste, où les citoyens comprennent qu'ils sont en possession d'un instrument mental important pour maîtriser leur destin collectif. Mais pourquoi une doctrine ? Parce qu'elle est à même de poser la question de l'intérêt général en l'éclairant d'une façon qui ne se limite pas à refléter la somme partielle, ou même totale, des intérêts particuliers. Elle permet d'aboutir à l'émergence de thématiques, à la validation de concepts et à l'écriture de projets et de programmes pertinents qui, de proche en proche, pourraient contribuer à éduquer les masses fondamentales du peuple, les organiser, et les préparer aux combats décisifs pour le développement.

De ce point de vue, cette révolution devient cognitive avec comme finalité intrinsèque le renversement de l'ère de la résignation et du fatalisme, pour ouvrir le chemin de la réflexion prospective dans le but de bâtir une société congolaise des intelligences entreprenantes, sous la férule des élites rationnelles armées de tout ce qu'il faut pour mener la lutte contre le sous-développement jusqu'au bout et, grâce à la doctrine, d'élargir les rangs jusqu'aux forces fondamentales, à savoir les paysans et les ouvriers.

Ainsi donc, la doctrine de la Révolution du Bon Sens est une catharsis vitale, car elle veut initier une lutte pour l'avènement d'une nouvelle façon de concevoir le bon gouvernement consistant à investir réellement l'autorité politique dans le peuple, dans un système fondé sur un certain nombre de notions à ancrer dans les mentalités, à savoir la liberté, le mérite, l'effort, la probité morale, la convivialité, l'entraide mutuelle et l'égalité.

Pour asseoir durablement le message qu'elle exprime, au-delà d'un plaidoyer, la doctrine de la Révolution du Bon Sens se veut être une invitation à faire preuve de cohérence, en traduisant l'adhésion à la Renaissance du Congo dans un engagement réel destiné à briser la déraison et à intégrer la rationalité dans les conduites et dans les institutions.

Vers un nouvel âge collectif

Voici donc la Révolution du Bon Sens, une boussole éthique à incruster dans la conscience collective d'un peuple congolais dorénavant debout et en marche vers sa perfection. Etant donné que la République est un pacte, un art de vivre ensemble, un accord de toute la nation rassemblée solennellement autour de principes essentiels, le choc historique que veut provoquer la Révolution du Bon Sens consiste à imposer un contexte social où les exigences éthiques feront corps avec les projets politiques et les comportements des hommes, sous la voûte de la rigueur logique, de la rationalité et du bon sens. En acceptant ce nouveau contexte psychologique, le peuple congolais se transformerait en capital humain culturellement déterminé et sûr de ses forces immanentes. Nous nous situons ainsi aux fondements mêmes du rapport dialectique entre le citoyen et sa République, l'homme et sa société, l'individu et son temps, le regard et la conscience, la mémoire et l'action, pour identifier et défaire le nœud gordien de la crise congolaise, la grande roue infernale du malheur congolais, la quadrature du cercle des souffrances des Congolais, le filet maléfique du drame congolais. Cet environnement motivationnel va engendrer le nouvel âge. Tel est le but que poursuit la Révolution du Bon Sens.

En tant qu'alternative globale à une crise qui est totale, la Révolution du Bon Sens se donne la mission de faire éclore un nouveau modèle de vie et de culture qui permette un nouveau type de relations des citoyens congolais entre eux et envers leur pays. Cette conception neuve de l'homme, de la vie, de l'enseignement et du travail, conditionne le combat contre l'injustice, l'anarchie et la barbarie dans lesquelles le Congo s'est installé.

Il s'agit d'amener le Congolais à se redéfinir par rapport à sa société et au monde, à se reconnaître à la fois produit et acteur d'une société congolaise ouverte à la mondialisation, et bannir la tendance à utiliser la société comme un outil pour satisfaire des besoins égoïstes. Amener le Congolais à avoir plus confiance en lui-même et à réaliser qu'il doit être lui-même l'auteur de son bonheur, que sa vie, c'est d'abord lui qui la fait et abandonner résolument la culture d'assisté pour se voir acteur principal, avec ses frères et sœurs, de son mieux-être. Amener le Congolais à avoir foi en ses capacités et en son savoir-faire, en acceptant à la fois de tuer le défaitisme qui nous tient rivés au sol et de cultiver une volonté de puissance qui pousse à la conquête d'horizons nouveaux, où le Congolais sera réellement celui qui donne et qui reçoit. Bref, il faut un changement radical qui se traduise par la mort d'attitudes négatives provenant du défaitisme et la création d'attitudes positives basées sur la foi en nos propres capacités à transformer notre environnement pour mieux en jouir. Comme projet de civilisation voué à donner un nouvel espoir aux Congolais, elle consiste à amener le Congolais :

I. à se réapproprier des principes (normes) :

- asseoir l'action politique sur les aspirations profondes des Congolais au Changement et sur leur désir de progrès et de mieux vivre ensemble ;
- revendiquer, contester, contrôler, discuter, gérer et décider sous l'égide du bon sens ;
- fonder la société sur la récompense du mérite, du travail, de l'initiative et de l'effort ;
- donner à chaque Congolais sa place et sa chance dans la société.

II. à accepter des devoirs :

- gérer avec prudence et sagesse toutes les espèces vivantes et les ressources naturelles, afin de mieux préserver les richesses incommensurables que nous a léguées le Créateur et les transmettre à nos descendants ;
- offrir à tous les enfants, garçons et filles, sur un pied d'égalité, au minimum le cycle complet de l'enseignement primaire ;
- mettre en place des institutions aptes à faire du pays un partenaire sérieux et une destination sûre et rentable pour les financements et les investissements.

III. à retrouver des valeurs :

- la liberté en tant que, certes, absence de servitude, mais surtout faculté à ne pas nuire à autrui ;

- l'esprit de responsabilité en tant que capacité de se prendre en charge, de prendre et de respecter des engagements, de réparer des préjudices ;
- le respect en tant que égard envers autrui et crainte du jugement des hommes ;
- la ponctualité en tant que qualité de maîtriser le temps et le détail ;
- l'honnêteté ou la qualité de se convenir au contrat social ;
- la propreté en tant que volonté d'une hygiène de vie salubre, mais aussi en tant que qualité d'être agréable, humble, juste, moral et maître de soi ;
- l'assiduité au travail, parce qu'un travail opiniâtre vient à bout de tout, certifie Virgile, dans *Les Géorgiques* ;
- le droit à une vie décente, digne et sécurisée, en tant que capacité de promouvoir un espace d'espérance pour la condition humaine.

Concrètement, la Révolution du Bon Sens entend donc faire prévaloir une seule façon de penser et d'agir, à savoir servir la nation en faisant preuve de bon sens en tous lieux, en toutes circonstances et à tous les échelons. A cet effet, elle voudrait :

1. **Ancrer dans l'esprit des Congolais :**

- une manière de travailler matérialisant le rationalisme congolais de la société des abeilles ingénieuses, chercheuses et entrepreneuses, tout en combattant par tous les moyens l'infantilisme de notre humanité, qui s'exprime principalement par la sorcellerie et le fétichisme ;
- une manière de penser le destin du Congo comme celui d'un grand peuple et d'une grande puissance, c'est-à-dire transitant d'abord par la souffrance avant d'aborder la grandeur, la peine avant la gloire, la guerre avant la paix, l'ignorance avant la science, la primitivité avant la civilisation, le sous-développement avant la prospérité et le mieux-être collectif, les déchirements avant la cohésion sociale… La perfectibilité, entendue comme aptitude à progresser propre au genre humain, va incessamment du moins bien au mieux ;

- une manière de vivre dans une convergence des traditions et des coutumes (à répertorier, harmoniser et codifier) pour donner à la Nation des véritables racines citoyennes, au Pays une éthique républicaine et à l'Etat des règles démocratiques ;
- une manière de consommer qui ne soit pas excentrique ;
- une manière de produire qui s'appuie à la fois sur le milieu rural comme centre de gravité et sur l'avènement d'une classe de savants. Acteurs indispensables du progrès dans la société industrielle, les savants sont en quelque sorte des industriels théoriques qui ont besoin, pour exister et financer leurs travaux, d'une classe industrielle qui est la classe fondamentale, la classe nourricière et fabricatrice de richesses.

2. Restaurer dans la société :

- une vision de l'avenir consistant à assumer, comme peuple, avec audace et imagination, les responsabilités d'un pays investi par la géographie, du rôle de pôle de stabilité, de concorde et de prospérité de l'Afrique ;
- des priorités, dont la première est de se doter des règles de terre d'entreprises afin que les entrepreneurs récompensent mieux le travail, reconnaissent et valorisent les compétences, et qu'ils utilisent mieux les talents et les énergies ;
- des fins, dont l'ultime est le bien-être de l'individu congolais.

3. Rendre positive pour l'individu congolais l'image (apprentissage) qu'il se fait de :

- lui-même : un individu qui a foi en lui-même, qui est compétent, intelligent, vertueux, travailleur, assidu à l'école, discipliné au travail, entrepreneur, créateur et audacieux ;
- son pays : un modèle des pays africains (désireux de faire véritablement partie d'une économie mondialisée) ;
- ses possibilités de développement qui sont, comme on le sait, incommensurables, et de cohésion nationale qui sont perceptibles étant une société où les différences entre communautés sont mineures et les ressemblances majeures et surtout propice à un dialogue interculturel fécond ;

- ses relations à autrui pour réussir le pari de l'enrichissement mutuel ;
- ses relations au reste du monde : penser et agir dans une optique africaine et mondiale ;
- sa société : un peuple mûr, qui reprend confiance en ses talents, en ses dons, en son génie et en son intelligence.

L'individu congolais ainsi transformé fera naître le couple géniteur de sa modernité : l'avenir et le progrès. Justement, le culte de l'avenir et la foi dans le progrès constituent les deux piliers de la doctrine de la Révolution du Bon Sens. A l'aune de celle-ci, les Congolais auront inventé un avenir pour le Congo, l'avenir n'étant pas ce qui vient vers nous, mais ce vers quoi nous allons. Il faut donc le désirer. Il faut le vouloir. Bref, il faut se remettre debout, étendre la main et marcher pour créer l'avenir.

Etant convaincu que c'est parce que les hommes se gouvernent par les idées qu'ils peuvent résister à la tentation du désespoir et agir avec le soutien de la confiance, je propose la doctrine de la Révolution du Bon Sens pour que les Congolais échappent à la double menace d'une vie sans espérance et d'un présent sans avenir. Je les invite à se considérer dorénavant comme des êtres avertis en route vers la prospérité de leur nation et la leur propre. Telle est la Révolution du Bon Sens, en essence. Elle plaide pour que les exigences éthiques croisent les projets politiques sous la voûte de la rigueur logique. C'est une révolution rédemptrice, une révolution du salut à venir. Croire à la Révolution du Bon Sens, c'est parier sur la disparition finale de toutes les figures du négatif affectant le Congo, partant du postulat de la transformation dialectique du mal en bien, du non-sens en bon sens, des anti-valeurs en vertus, du fétichisme en science.

Cela revient à avoir foi en la possibilité d'éliminer la fatalité, de supprimer la peur de l'avenir, de faire régner la conscience rationnelle et d'en finir avec le défaitisme, en osant se servir de son propre entendement pour affronter l'avenir, avec le double sentiment de sécurité et de confiance. La Révolution du Bon Sens interprète tous les phénomènes historiques selon toutes ces clés : le négatif est au service du positif ; le sous-développement travaille secrètement à l'avènement du développement ; la voie du bien et du bonheur est pavée de fautes, d'erreurs, de peines et de crimes ; la nécessité de profiter de la science, génératrice du savoir ; la nécessité d'utiliser la science pour améliorer le sort de l'homme ; la nécessité d'intégrer les institutions et l'Etat à cette exploitation de la science.

Deuxième partie : le drame congolais

La perte de l'estime de soi

La crise la plus dramatique du Congo n'est pas celle que l'on voit et que l'on déplore, mais celle qui est intériorisée comme sentiment profond d'incapacité. Nous ne croyons plus en nous. Nous ne nous reconnaissons mutuellement aucun mérite, aucune considération, aucune valeur. Peu à peu nous perdons toute capacité de désirer et d'être désiré, de vouloir et de se vouloir. Cette perte de l'estime de soi se manifeste au niveau sociétal par le défaitisme, le fatalisme, la résignation, le laxisme...

Nous assistons donc à une crise de conscience d'un peuple qui, à force de ne plus croire en lui-même, en arrive à ne plus croire en rien. Il est fort mais se perçoit faible... Il est ingénieux et entreprenant mais il se croit incapable. Il est riche mais il accepte de vivre dans la pauvreté. Le peuple congolais vit dans ce sentiment d'impuissance, de faiblesse, d'incapacité et de paresse. Les attitudes négatives et les actions irrationnelles que cet état d'esprit engendre aggravent le climat de tension, de médisance, d'intrigues et de désespoir. Il est difficile d'éviter, dans ces conditions, les conclusions pessimistes concernant le destin du Congo.

Comment en sommes-nous arrivés là ? A cause de l'affaissement de ce qui confère un sens profond à nos actions et à notre vie. Les préceptes traditionnels n'organisent plus la cité. Et pendant qu'on assiste sans réaction aucune à l'obsolescence des préceptes et repères traditionnels, des matamores avides de pouvoir mais incapables de porter un projet de société, politisent la tribu et tribalisent la politique, jusqu'à exciper du bellicisme tribal.

Dès l'aube du nouveau contexte de la République, la société congolaise en germination depuis 1885 s'est retrouvée souveraine et nationale dans une matérialité sans âme, sans une pensée fondamentale capable de guider la marche républicaine nouvelle, sans un idéal sociétal susceptible de dégager l'horizon du devenir national. On est passé d'une logique holiste de la vie, où l'histoire est écrite une fois pour toutes, dans le village, dans la tradition, par la coutume, dans laquelle chacun est reconnu par référence à un statut qui lui est assigné de façon imprescriptible, à une logique de la dignité et de l'égale dignité en droit de tous les individus, à une République où les itinéraires de vie et le sort de la communauté se construisent par acte de volonté. L'individu congolais devenu citoyen ne cesse de consulter avec perplexité les préceptes traditionnels non point pour lubrifier le cours des émancipations conquises mais pour alimenter des transgressions opportunistes et politiciennes. Ainsi, la tribu et ses traditions n'ont pas su être émancipatrices de la raison et libératrices de l'homme.

Aujourd'hui, de nouveaux outils de pensée, des concepts neufs, une attitude nouvelle d'esprit s'avèrent nécessaires pour conférer sa pleine efficacité au bouleversement dans le regard que doit porter l'individu congolais sur le monde, son pays, ses traditions et son destin. Seule cette démarche, à mener sous l'éclairage de la raison, peut permettre à l'individu congolais d'accéder à une domination technique de la nature. Ce défi une fois relevé, des politiques pourront par après se construire sur le terrain concret de l'esprit scientifique, et des stratégies de développement se bâtiront autour de cette conviction que l'énergie vitale des sociétés humaines, c'est le savoir qui donne le pouvoir, qui permet la compréhension et l'élucidation du présent, et qui offre les moyens d'en assurer un dépassement mélioratif pour construire le futur. L'urgence première semble se réduire à une sollicitation de la mémoire pour tenter de rendre compte des leçons que le passé doit nous délivrer afin que le futur se construise sans reproduire les erreurs de la société ancienne.

Le 30 juin 1960 produisait donc un espace étatique entièrement nouveau où, non seulement nos vieux et divers instruments d'existence étaient devenus obsolètes mais surtout et plus grave, où les hommes, depuis, se rencontrent et se mélangent sans qu'il y ait dialogue des coutumes et des traditions pour réussir la cohésion nationale et enraciner la République. Notre société décolonisée et prétendument évoluée ne sait toujours pas inventer un projet républicain qui soit compatible avec la multiplicité des héritages ancestraux et qui s'enrichisse des coutumes et traditions dorénavant entrelacées. Il en résulte, aujourd'hui, une vie sociale réduite à la coexistence de tribus dépendant d'une culture interjective, celle du repli sur soi-même et d'une reconnaissance identitaire en rupture avec l'esprit scientifique. Face à cette impersonnalité de la société, où la foi en Dieu côtoie le culte des ancêtres, où la science coexiste avec les fétiches, où le droit coutumier cohabite avec le droit dit moderne, où le chef coutumier fréquente l'homme d'Etat moderne, où la sorcellerie coexiste avec la technique, où l'hypertrophie de la mémoire cohabite avec la perte de la mémoire, chacun essaye de restaurer le souvenir d'un village, une généalogie, un passé, un être historique, un horizon tribal qui lui donne le sentiment d'une certaine appartenance, d'une certaine identité.

Nous sommes devenus une société immobile, figée, intolérante, obscurantiste et hostile à l'innovation. La créativité, l'imagination, l'effort intellectuel ou le talent littéraire sont relégués au rang de curiosités amusantes. Le livre et l'art n'ont aucune considération, tandis que la classe dirigeante ne se soucie guère de faire accéder à l'instruction les couches populaires. La nouveauté est ressentie comme un désordre. La hiérarchie est impérative et omnipotente. Elle sait mieux que les individus ce qui est bien pour eux. Un comportement conforme aux usages est réputé bon, ce qui rompt les usages établis est estimé dangereux et subversif. L'autonomie de pensée et de conviction, l'ambition entreprenante et l'esprit d'initiative sont considérés comme des attitudes insurrectionnelles. La vie au quotidien est réglée par des traditions et coutumes entourées d'un culte fétichiste.

L'insalubrité se fait chaque année un peu plus envahissante, on s'en accommode. On accepte avec fatalisme et résignation que les épidémies, les endémies, les pandémies, la surmortalité infantile, la surnatalité compensatrice et l'analphabétisme soient le lot quotidien du destin national. Comme pour dire l'insignifiance de son pouvoir, la classe dirigeante fait appel à l'étranger, à l'autorité tutélaire, pour organiser la vie, procéder aux investissements, s'occuper de l'avenir du pays. De l'aide humanitaire pour tenir la société, on est passé à l'aide budgétaire internationale pour faire exister l'Etat. Paradoxe : à la recherche des rentes de situations, s'évertuant à être le choix incontournable de l'autorité tutélaire, on instrumentalise la tribu, on l'abâtardit pour s'attribuer un diplôme de popularité, en présentant les conflits ethniques comme le seul exutoire possible à des frustrations politiques, économiques et sociales.

Telle est notre société. Elle marche à l'envers... Tous les jours, nous perdons l'orientation de notre époque, c'est-à-dire le sens du présent. Et l'on parle de crise des valeurs dont, pourtant, nous ne manquons pas. De même, on ne peut pas dire que le séisme éthique auquel nous assistons est un désastre moral, une crise des valeurs. Loin de là ! Il y a crise du sens des valeurs et de l'aptitude à se gouverner. A tue-tête, à tort et à travers, à tout bout de champ et à tout propos, on appelle la démocratie à la rescousse. La démocratie, l'exigence tant d'en déclarer la substance que d'en garantir l'exercice, ont acquis la force d'une évidence. La crise est profonde, et au-delà de pénurie de démocratie, le Congo souffre d'une crise de valeurs partagées. La question des valeurs étant donc celle d'une rencontre des coutumes et des traditions qui ne peut avoir lieu que si elle est orientée vers l'idée d'une société des humains sûrs d'eux, où règnent des libertés nouvelles, entendues comme capacités de choisir, d'entreprendre, d'assumer responsabilités et initiatives. Il s'agit de faire en sorte que la citoyenneté puisse dorénavant signifier puissance d'agir et capacité à servir la patrie. C'est à l'aune de cette idée directrice que la démocratie devient possible mais surtout féconde.

De quelle rencontre dialogique est-il question ici ? Reconnaissons, avant toute chose, que tout Congolais possède deux identités : l'identité précoloniale ou tribale et l'identité post-coloniale provenant de l'antiquité gréco-romaine. Entre ces deux identités, il subsiste d'immenses fractures. En prenant conscience de ces fractures, en articulant ces deux niveaux de conscience, nous serons beaucoup plus riches que l'homme qui ne vit qu'à l'intérieur d'une seule culture. Paradoxalement, elle seule, en tant qu'elle est dotée de la faculté critique, peut tout remettre en cause et mettre en valeur les niveaux les plus archaïques de la conscience, leur donner un nouvel espace d'expression, favoriser des articulations remaniées et mises en phase avec les temps actuels, relier des mondes appartenant à des âges différents et construire une conscience réflexive.

Des raisons d'espérer

Ces identités qui, depuis le 30 juin 1960, vivent désormais dans l'entre-deux, sont totalement éclatées. Autrefois, les identités tribales étaient enracinées dans des cultures qui possédaient chacune sa propre histoire. Elles étaient ethnocentriques, se déclinaient en histoire figée et vivaient en vase clos. Avec la réalité républicaine, cet égocentrisme culturel a éclaté, avec lui, toutes les grandes ontologies ancestrales. Un indice et un motif paradoxal d'espoir : le pullulement de sectes multiples indique que la société congolaise est à la recherche vertigineuse d'un nouveau dépassement.

Ainsi donc, alors que le ciment social s'est défait devant le paroxysme d'une crise de plus en plus totale qui provoque des départs massifs en exil, détruisant par voie de conséquence les liens hérités et des identités établies, l'essor sans précédent consiste en de nouvelles formes de communautés, en de nouveaux types de solidarité : des églises, des associations professionnelles ou militantes et autres mutuelles. Mais cet atout soulève quelques questions. De quelles valeurs ces réseaux inédits d'affinité, d'alliance sont-ils porteurs ?

Dans un Congo de plus en plus dominé par les mobiles de survie sociale et économique et les valeurs matérialistes, comment imaginer l'idée de combat collectif, de pacte social, de marche volontariste et infaillible de la société vers la perfection morale, sous la férule des labeurs opiniâtres ? La culture étant liée au sens, aux significations, à l'unique, aux styles de vie, à la représentation, à la compréhension générale du monde, comment construire une culture qui rende digne l'humanité que nous représentons, alors que la tribu devient de plus en plus la force centrale capable de motiver et de mobiliser le peuple, toutes les autres identifications se trouvant happées, satellisées et absorbées dans l'appartenance religieuse ?

Le discours national est le deuxième atout. En effet, bien qu'il demeure relativement anémique, se réduisant aux seuls masques fugitifs des lois, des institutions et des règles économiques, il véhicule malgré tout certaines valeurs universelles du respect des droits de l'homme, de la démocratie, de l'accès au mieux-être pour tous, de la protection de l'environnement... Nous devons accepter ces valeurs comme ciment englobant, susceptible de projeter un champ magnétique à l'intérieur duquel tous les replis sectaires, sans se heurter de front ou dégénérer en luttes interethniques, pourront trouver des raisons de coexistence, de convergence ou de marche uniformisante.

Que faire ?

Il faut promouvoir une heuristique de la nouvelle réalité congolaise, qui permettra de mieux définir le nouvel homme congolais, et de commencer l'ère de l'affirmation. Celle qui enseigne que tout enrichissement de l'âme ne peut s'effectuer que dans une société civile soumise aux impératifs de la raison. Cela revient à dire que le point d'appui de l'exigence éthique puisse exister au sein de chaque tribu, à condition que celle-ci soit connectée à l'intelligence de sa propre histoire, et apprenne à accueillir la modernité et ses exigences.

De toute évidence, pour être viable, vivante et efficace, une société doit d'abord permettre aux individus de développer des convictions et des aspirations qui rejoignent et s'identifient aux valeurs et aux allégeances qu'elle prône elle-même, et qui en même temps tient réellement compte de l'unicité des individus, et ensuite, se donner la possibilité de révision de ces valeurs pour, chaque fois, s'assurer qu'elles continuent de répondre à des objectifs et défis intégralement nouveaux. Il est donc question d'une intelligence sociale « *par laquelle la nation témoigne de la capacité de traduire les atouts humains, naturels, financiers et scientifiques en projet d'ajustement politique, économique et social qui requiert la poursuite de l'intérêt commun* ».[1] On retrouve ici l'aspect essentiel de la doctrine de la *Révolution du Bon Sens* qu'est cette valeur fondamentale de l'esprit de retour critique sur soi pour se comprendre, s'autocritiquer et ainsi favoriser non seulement l'innovation, mais également la capacité de comprendre l'autre, de s'ouvrir à d'autres, en rendant possible le dialogue comme valeur. La

---

[1] Banyaku Luape Epotu, *Aperçu sur les études sociales de développement. Discours critique et panoramique*. PUZ, Kinshasa 1990.

Révolution du Bon Sens correspond à un refus des blocs monolithiques de croyance, des briques fondamentales de la matière, des systèmes arborescents de la pensée. En échange, et conformément aux exigences de la mondialisation, elle valorise tour à tour la pensée nomade, les modes relationnels de la mise en sympathie, l'entrecroisement, l'hybridité et le métissage. C'est ainsi que prend naissance toute culture. Lorsque la culture cesse d'être relation, elle cesse d'être culture. La relation est à la fois la marque principale et identificatrice de la culture. La culture est métisse. Le métis est la création d'un plus que l'autre, d'un autre qui a gardé la compréhension du même. Voilà pourquoi le débat sur la culture doit transiter par le refus de la tradition perçue comme dépôt inerte de l'identité. La tradition n'étant pas une chose figée, donnée d'avance. Un contrat culturel devra donc, au préalable, aider le nouveau Congo à bien penser la reforme des liens entre la pensée et l'action. Car le contrat culturel, selon qu'il incarne ou non les symboles et les mythes agissant comme manifestations inconscientes du dynamisme de la société, demeure, dans un sens comme dans l'autre, l'élément moteur de la croissance ou du déclin des civilisations. Si, à la lumière de cette thèse, nous déduisons, ce qui semble raisonnable, que les événements de l'histoire humaine sont le résultat d'une interdépendance entre l'individu et la culture de son temps, et que nous affirmons que le progrès est essentiellement fonction de la valeur des symboles auxquels se rattache la société, il doit s'ensuivre une analyse de notre histoire qui soit d'un type plus résolument psychologique qu'elle ne l'a été jusqu'à présent.

Que faire alors concrètement ? Commençant par faire le point sur nous-mêmes, cherchant en nous, dans la trame de notre société, dans le fond de notre âme, les vraies causes de nos difficultés, partant de la conviction que la fatalité est en réalité l'asile des âmes sans volonté, ayant foi en la perfectibilité de l'individu congolais, la Révolution du Bon Sens invite la nation congolaise au sens de l'histoire qui n'est pas naturel.

Les hommes cherchent toujours à se démarquer culturellement de leur passé. Nous devons réussir notre hybridité culturelle, entre les références traditionnelles qui nous déterminent et les références modernes du nouveau système auquel nous participons. Entre le fétiche et la science, la case en pisé et la villa climatisée, le *likembe* et le synthétiseur, le chef coutumier et le bourgmestre, le sorcier et l'intellectuel, etc. Le style hybride de notre réalité sociale témoigne bien sûr de deux références dont le compromis reste à faire. Ayons le courage de dire que nous sommes les reflets de l'histoire de l'Occident par la colonisation, que notre inscription dans cette histoire est évidente et les retours en arrière purement nostalgiques. Il importe, épistémologiquement, aujourd'hui, de se demander si l'on se donne les moyens d'être le prolongement novateur de cette histoire, pour représenter une particularité culturelle dont l'essence serait la sève qu'apporterait notre héritage ancestral. Pour formuler autrement ce dont il est ici question de faire état, appelons à la rescousse Montaigne, qui dit : *« quand bien nous pourrions être savants du savoir d'autrui, au moins sages ne pouvons-nous être que de notre propre sagesse »*. Ainsi articulé, il sied d'affirmer qu'un certain conservatisme et une certaine transformation vont politiquement toujours de pair, et que l'homme se bonifie en sachant lui-même accueillir et apprivoiser les valeurs des autres, dans la perspective de mettre culturellement en forme sa propre réalité sociale. Cette entreprise ne peut fonctionner que les Congolais acquièrent la faculté de mettre en mouvement une organisation sociale du savoir, d'un savoir obtenu scientifiquement qui soit le reflet manifeste de la capacité des Congolais à agir raisonnablement et rationnellement. Ainsi, au nom d'un engagement qui subordonne le citoyen et ses droits au salut de la patrie, la Révolution du Bon Sens se donne mission d'éduquer les esprits et les caractères, en lançant le pari du rayonnement des vertus de la rationalité, de la science, de la valeur du travail, de l'honnêteté, de la ponctualité, du respect du bien d'autrui, de l'ordre et de la discipline, l'inadmissibilité de l'insalubrité et les égards à témoigner aux handicapés, aux vieillards, aux veuves et aux orphelins. Elle invite tout un chacun à rechercher le savoir scientifique et philosophique, ainsi qu'une sagesse fondée sur ce savoir, afin de les investir dans l'invention de l'avenir. Elle prie la collectivité organisée de s'en imprégner dans toutes ses manières : d'organiser, de rechercher, de se comporter, de vivre, en se servant pour tout et partout de la boussole de la rectitude morale. Elle est destinée à ancrer les esprits et les manières des citoyens dans le refus résolu de la fatalité du sous-développement, pour aider la nation à réaliser une nouvelle synthèse politique qui maintienne l'homme, son avenir et la maîtrise de son destin au cœur du projet politique.

Telle est la devise qui éclaire des stratégies d'où provient toute capacité de construction sociale. Nous en faisons un appel à la nation, pour que les citoyens fassent preuve de maturité civique et organisent sans délai le deuil de la haine tribale et des affrontements ethniques, qui symbolisent le Moyen Âge de notre société, qu'ils bannissent la jalousie qui empêche la fraternité et décourage l'esprit solidaire, qu'ils s'interdisent la médisance et le fétichisme qui propagent l'irréflexion, qu'ils abandonnent le culte du racontar et de l'intrigue qui pourrissent les consciences et nous rendent stupides. Cela dit, la Révolution du Bon Sens plaide pour que l'identité ethnique et la revendication tribale fassent définitivement la mutation de la citoyenneté, afin que se manifeste la modernité des esprits et des comportements, et que se réalise enfin une République Démocratique du Congo une, indivisible et consciente qu'elle doit faire fasse aux effets conjugués de ces deux phénomènes consubstantiels de grande ampleur qui dirigent notre temps, à savoir la mondialisation et les nouvelles technologies.

De la fatalité à la volonté

A nouveaux défis, nouvelles réponses. Comment éradiquer la pauvreté absolue ? Comment jeter les bases d'une démocratie anticipatrice et d'une citoyenneté entreprenante ? Comment construire une authentique société du savoir, du mérite, de l'effort et de l'entraide mutuelle ? Comment remédier au mal que les Congolais se font les uns aux autres, animés qu'ils sont par les passions fondamentales de la vie sociale : la fierté et le besoin d'affirmation de soi, la rivalité et l'envie ?

Le Congo a donc besoin d'une révolution morale, d'une éthique neuve de la responsabilité de chacun, qui ne peut passer par des lois, mais par une prise de conscience active du rôle de chacun dans la société. Hélas! Notre vision du monde, nos valeurs, nos schémas dépassés ne nous permettent plus d'adopter les solutions appropriées à des problématiques cruciales. En outre, nous n'avons pas encore pu jeter le pont entre, d'un côté, nos valeurs, nos cultures, nos coutumes et nos traditions et, de l'autre, l'économie globale, les règles du marché qui nous gouvernent et les technologies nouvelles qui, bien que fort utiles, nous envahissent. D'où la nécessité d'imaginer et de mettre en œuvre un nouveau système de valeurs, d'essayer de construire la société des esprits devant soutenir la société d'un territoire national nommé Congo, habité par un peuple devenu citoyens congolais.

Bâtir la société des esprits, c'est accepter que l'univers humain ne puisse valablement se construire qu'en respectant le principe de deux mondes : un passé et un futur, un moi et un autre, un intérieur et un extérieur, une terre et un ciel, un voyage et un retour, une vitesse et une lenteur, un levant et un couchant, un lieu d'où l'on vient et un port où l'on va, une provenance et un horizon. Il faut toujours deux temps pour humaniser la vie : la naissance et la mort ; l'homme et la femme ; le jour et la nuit, l'autochtone et l'étranger, un proche et un lointain, un ici et un ailleurs… Si l'on n'existe que dans la tension du futur, on se brise ; si l'on n'existe que dans la mémoire du passé, on se fige. Il nous faut donc, par ailleurs, toute la présence de l'ancienne société pour concevoir la nouvelle.

La Révolution du Bon Sens en tant que renouveau de conduites et de mœurs veut relever ce défi, en abordant l'avenir avec la passion de la construction, en ayant foi en l'avènement imminent de l'âge d'or du règne de l'ordre rationnel au Congo. La préoccupation majeure de la Révolution du Bon Sens consiste à donner, dans le respect des différences, un sens à cette appartenance commune à la nation congolaise, dans le cadre d'un projet humaniste renouvelé. C'est dans cet état d'esprit que s'inscrivit ma déclaration de candidature du 30 juin 2004 : prendre le courage de décliner une grande ambition pour participer valablement à la réhabilitation de la vertu de l'espérance. Le message était triple :

1. Il fallait libérer les ambitions, car la force d'un pays repose fondamentalement sur la somme des ambitions de ses citoyens et des risques qu'ils prennent.
2. Il fallait donner une place au rêve et être capable de sacrifices lorsqu'il est question de servir la patrie, comme ce fut le cas en 1998, avec la vaillante résistance contre l'invasion du Congo par ses voisins.

La Déclaration du 30 juin n'a fait que renouveler cet esprit de servir le pays au péril de sa vie.

3. Il vient un temps où l'homme déterminé doit prendre une position, quelque soit le danger ou le sacrifice. Il prendra cette position parce qu'elle est juste, en ayant pleinement conscience que la civilisation est une lutte contre la peur.

Cette déclaration souligne que c'est cet état d'esprit qui rend possible la Révolution et qu'il représente la constante de ma façon d'être. Elle représente donc une invitation à tous les Patriotes congolais à n'écouter que les sirènes de leur désir de servir la noble cause de la survie de la patrie et à minimiser les risques, les dangers… quand il est question du salut du pays. Cette Déclaration du 30 juin 2004 représente l'affirmation d'un état d'esprit, celui d'un homme soucieux de sortir du village où tout se ressemble, d'où sont exclus le risque, le rêve, l'audace. Car cette Révolution se veut la matérialisation d'un sens de l'audace, pour fonder l'âge de la responsabilité du citoyen congolais. Ce nouvel âge, c'est l'heure de la réinvention de la vie à l'aune de la foi en la perfectibilité de l'homme congolais. C'est un acte d'espérance disant que le mal congolais est guérissable.

Cet espoir et cette foi en l'avenir courent comme un fil d'or à travers ce projet de société que j'offre à ma patrie. Ce projet n'est ni un catalogue d'intentions ni un manifeste politique et encore moins un panorama de vœux pieux. C'est un ensemble prospectif, cohérent et constructif qui entraîne les esprits dans un conditionnement de pensée et de volonté devant servir de soubassement à l'action du redressement national. Il n'est pas seulement question de réglementer la vie économique, sociale et culturelle par le droit et la loi, le projet cherche aussi et surtout des réponses aux espoirs et aux peurs des citoyens.

Etant donné qu'il n'y a de sous-développement que de l'homme lui-même, pendant que la Déclaration de Candidature du 30 juin s'empresse à déterminer ce qui devait être, définir ce que je veux voir advenir pour ma patrie, et ce que je peux y faire advenir, la Révolution du Bon Sens demande aux Congolais de quitter le monde de l'*anthropos*, statique et dépendant, pour intégrer pleinement celui de l'*humanitas*, historique, qui exige de l'homme de l'ambition, du rêve, la passion de la perfection, la manie de l'organisation, la pratique des vertus, l'obsession de la qualité de la propreté, en s'inspirant de ce que dit Abel Poitrineau : « *L'étrange est que les idéologues auteurs d'utopies sociales et politiques sont en fait bien moins souvent qu'on ne le pense généralement des innovateurs, dont l'imagination créatrice fuse dans les directions les plus imprévues. On imagine l'utopiste moyen comme un chercheur de sentiers, ou comme un explorateur qui ouvre de nouveaux horizons à l'humanité, alors que, marchant pesamment, l'œil rivé au sol, circulant au ras des sillons, l'homme ordinaire, sans fantaisie, privé des ailes que donne un supplément d'âme, borne son ambition mesquine à mettre ses pas dans ceux de ses prédécesseurs, et à vivre comme ils ont vécus, le ruminant stupide, qui perpétue les errements et les turpitudes sociales en les acceptant ou en refusant de s'en aviser, Caliban misérable, objectivement responsable du Mal dont il s'accommode, face à l'oiseau des îles chatoyant et mobile, à l'Ariel qui a choisi ses fleurs, les valeurs qui subliment l'homme, et qui va tout naturellement vers la lumière, vers le mieux, vers le bien.* »[1]

C'est cet état d'esprit que doivent créer les penseurs et les hommes politiques de la Renaissance congolaise, disposés à relever le défi de la rationalité, parce que « *le sens de l'histoire interpelle l'excellence, la primauté de la raison sur la déraison, du rationnel sur l'irrationnel, du respect de l'intérêt collectif sur l'égoïsme, valeurs que ne partagent pas encore nombre des dirigeants politiques* ».[2]

---

[1] Abel Poitrineau, *Les Mythologies révolutionnaires. L'utopie et la mort*, PUF, Paris 1987.

[2] Mwabila Malela, *De la déraison à la raison, appel aux intellectuels zaïrois pour un nouveau débat sur la société*, Nouvelles Editions, Kinshasa 1995, pp. 97-98.

Troisième partie :
Le cri de l'homme congolais

Changer de vision

Depuis l'indépendance du 30 juin 1960, notre pays court à sa perte. Nous marchons au suicide. On nous répète à l'envi que notre pays est riche, mais le développement du sous-développement ne s'arrête pas, et la marche défaillante vers la décrépitude se perpétue. Avec stupeur, on découvre un immense gâchis : les usines ferment, les entreprises tombent en faillite, la production nationale disparaît, le chômage s'installe dans toutes les familles, la pauvreté se généralise... Naître, souffrir et mourir devient le destin commun des Congolais. On meurt de n'importe quoi et n'importe comment. Le désespoir devient total avec des dirigeants qui ne savent que négocier la charité plutôt que la coopération, ignorant que l'aide valorise le donateur, avilit le receveur et dévoile l'incapacité du bénéficiaire à vaincre ses souffrances. N'est-ce pas que c'est coopérer à la destruction de sa nation que de réduire tout un pays à une simple bouche à nourrir, à un simple corps à soigner ? Nul ne peut s'empêcher de susurrer qu'une catastrophe nous attend. Ainsi tout le monde tourne le dos au Congo : on part en exil, n'importe où, n'importe comment et à n'importe quel prix...

Les érosions et les fondrières dénoncent l'irresponsabilité de l'Etat. L'insalubrité et la saleté révèlent l'immaturité de notre société. Le fléau des enfants de la rue trahit l'insouciance collective. Et le Congo devient un pays de faux-semblants : les travailleurs font semblant de travailler, les patrons font semblant de les payer ; l'école fait semblant d'exister, les enfants font semblant d'étudier ; le gouvernement fait semblant de gouverner, le peuple fait semblant d'être citoyen... Refuser un Congo en miettes, étranglé par des maux antédiluviens, amener les Congolais à faire le point sur eux-mêmes, qu'ils se lèvent et se battent pour dessiner les contours de la renaissance de leur pays, offrir à la République un projet éthique assurant le règne du bon sens dans une société qui se défait devant nos yeux, avec son cortège de frustrations multiples, de souffrances profondes et de vies humaines irrémédiablement gâchées, voilà l'objectif de la Révolution du Bon Sens.

N'ayons pas peur de ce face-à-face avec nos propres responsabilités. L'avenir du Congo ne peut plus ressembler à ce présent de désespoir et de désolation. Les sept véritables ennemis de la nation congolaise que sont la faim, les maladies antédiluviennes, le chômage, le désordre, l'insalubrité, la faillite de l'école et la mort des vertus, viennent moins de la mauvaise volonté et des instincts féroces que des fortes vertus mal éclairées. Ils viennent de cela qu'on invoque pour se disculper de toute faute : l'irresponsabilité de l'inconscience.

L'éveil de la conscience peut seul briser le cauchemar de cette fatalité. Ainsi, la Révolution du Bon Sens réclame le renouvellement des Congolais du dedans, et le redressement de leur volonté. Si nous sommes un peuple brave, ne le déclarons plus, prouvons-le par le travail. Si nous sommes des patriotes, ne le clamons plus, que chacun, par ses actes, ses pensées et ses paroles agisse en citoyen ayant pris conscience que chaque Congolais est une chance de développement pour le Congo. Si nous sommes intelligents, ne le proclamons plus jamais ; il faut dorénavant que l'intelligence congolaise se conjugue avec le courage des Congolais afin que le Congo devienne une communauté libérée de l'emprise du défaitisme, peuplée de citoyens d'une remarquable ingéniosité, d'une grande puissance de travail, tous convaincus que le salut du pays réside dans le règne de la pensée rationnelle, de l'ordre, de la discipline et des vertus.

Il n'est pas faux, en effet, de penser qu'au fond du problème congolais se trouve la banqueroute de la rationalité, où l'homme refuse l'épreuve modificatrice de soi-même dans le jeu de la vérité. Je décline la doctrine de la Révolution du Bon Sens pour que les Congolais deviennent sûrs d'eux, qu'ils possèdent le sentiment indestructible de leur propre valeur et qu'ils se sentent capables de conduire le Congo vers des niveaux supérieurs d'organisation.

Il faut, dès lors, pour l'homme congolais, un usage fort de ses facultés mentales, sans pour autant devenir un traître à la sagesse des préceptes traditionnels, ni partager les préjugés de certains ethnologues du 19ème siècle qui avaient émis des doutes sur les capacités intellectuelles de l'homme noir. Nous pensons notamment à Hegel qui, reprenant en fait Hume à propos de l'infériorité du Noir, a osé affirmer : « *Les Africains sont incapables de sécréter des valeurs qui créent l'histoire et la civilisation* ».[1].

Hannah Arendt raconte : « *Ce qui rendait les tribus noires différentes des autres êtres humains ne tenait pas du tout à la couleur de leur peau, mais au fait qu'elles se comportaient comme partie intégrante de la nature, qu'elles traitaient la nature comme leur maître incontesté, qu'elles n'avaient pas créé un monde humain, une réalité humaine, et que la nature pour elles était par conséquent demeuré, dans toute sa majesté, la seule et toute-puissante réalité... Elles étaient, si l'on peut dire, des êtres humains « naturels » à qui manquait le caractère spécifiquement humain, la réalité spécifiquement humaine, à tel point que lorsque les Européens les massacraient, ils n'avaient pas, au fond, conscience de commettre un meurtre* ».[2]

Hegel et Hannah Arendt ont tort ! La science et en particulier la génétique moderne ne cessent d'affirmer l'unité de l'espèce humaine et l'absence de fondement de la notion de « *race* ». Mieux, la Déclaration universelle sur le génome humain et les droits de l'homme, adoptée par la Conférence générale de l'Unesco le 11 novembre 1997, et que l'Assemblée générale des Nations Unies a fait sienne le 9 décembre 1998, dispose en son article 1 : « *Le génome humain sous-tend l'unité fondamentale de tous les membres de la famille humaine, ainsi que la reconnaissance de leur dignité intrinsèque et de leur diversité* ».

Par voie de conséquence, toutes les cultures sont égales en dignité, car chacune d'elles représente une image concrète de la totalité humaine que nous trouvons réalisée, et en cela elles se valent et doivent être toutes respectées. Par ailleurs, à partir du moment où chaque culture distingue des choses justes et des choses injustes, toutes les cultures ont une même échelle de valeurs et une même dignité, même si toutes les valeurs ne se valent pas et ne sont toujours pas équivalentes. Par conséquent, toutes les valeurs peuvent être réévaluées. Ainsi, le défaut de l'actuel républicanisme congolais et du

---

[1] Pour l'historiographie hégélienne, le paradigme de la lecture de l'histoire de l'humanité consiste à dire que l'Histoire est l'incarnation de la marche de l'Esprit dans le temps et dans l'espace. Et l'Africain, le Noir, vit en marge d'elle. Et que donc l'Egypte ne fait pas partie de l'esprit africain.

[2] Hannah Arendt, *L'impérialisme*, Paris, Fayard, 1982, p. 123.

tribalisme est de négliger que, non seulement les valeurs évoluent, mais le changement revient à fonder l'espoir d'une nouvelle orientation éthique sur l'idée de dialogue des coutumes, des traditions et des valeurs modernes, pour redéfinir l'homme tribal d'hier devenu citoyen de la République. La vocation de la Révolution du Bon Sens est de susciter et d'accueillir de tels débats éthiques et prospectifs.

Le défi est herculéen : découvrir ces valeurs et comprendre comment elles peuvent se transformer et nous transformer. La Révolution du Bon Sens lance donc le pari d'édifier une voie nouvelle pour le renouvellement de l'homme congolais à la recherche de nouvelles bases et de nouveaux accomplissements. Elle n'est pas une formule, ni un système, ni une notion, ni un raisonnement sans défaut, ni une parfaite doctrine. La Révolution du Bon Sens, c'est la parole, l'acte, l'attitude, l'œuvre qui sortent du centre conscient, surmontent l'épreuve de la rectitude morale, passent au tamis de la pensée rationnelle et ne cessent de correspondre à une conscience profonde en intraitable estime de soi. C'est donc au premier chef un travail sur nous-mêmes, qui exige de nous la preuve tangible d'une transformation intérieure, d'une amélioration de nous-mêmes. En effet, la Révolution du Bon Sens ne peut pas être une tactique ni une technique, mais une foi, une vertu, une discipline spirituelle, un exercice de purification, une valeur culturelle, un corps de règles et de pratiques, qui touchent tous les plans de la vie.

L'examen de la vie humaine en elle-même montre que la ligne du progrès humain dans sa course ascendante procède de l'ignorance à la connaissance, de la dépendance à la confiance en soi, de la pauvreté et de l'impuissance à l'abondance et au pouvoir, du désespoir à l'espoir... De même, la croissance et la décadence des facultés morales et intellectuelles des hommes, leur évolution et leur fléchissement, leurs réactions devant les conditions favorables ou défavorables, se présentent partout de la même manière. Chaque race, chaque peuple a produit et peut produire des hommes et des femmes pleins d'intelligence, d'héroïsme et de talent, aussi bien des êtres sans valeur. Dans des conditions favorables, chacune de ces races, chacun de ces peuples pourrait établir une puissante nation, et développer sa culture de façon à faire le meilleur emploi des connaissances scientifiques du moment.

Chacune d'entre elles, chacun d'entre eux peut atteindre des sommets dans les qualités morales et intellectuelles, et peut de même, au cours du temps, déchoir dans le vice et la luxure, et détruire peu à peu sa propre civilisation.

Etant donné que la société vit plus longtemps que ses individus, et que les qualités positives et négatives de ces derniers se transmettent aux survivants soit par l'hérédité soit par le contact, les savants et autres penseurs éminents ont assez souvent attaché plus d'importance à la société qu'à l'individu. Aussi leurs conclusions sont générales et hâtives, parce que basées sur des analogies ou suggérées par des probabilités. Si très peu de chercheurs se penchent sur la croissance et le développement de l'individu, aucun penseur n'a été capable de considérer la vie sous tous ses aspects à la fois. De l'Amérique en Europe en passant par l'Afrique et l'Asie, tous les hommes naissent égaux et tous ont une âme semblable... Et la vie, qu'elle s'exprime individuellement ou collectivement, d'une manière conséquente et harmonieuse ou non, est une lutte constante pour trouver les meilleures conditions d'existence. « *Nul n'est barbare... Le Barbare est celui qui croit à la barbarie. Chaque homme est enraciné dans une culture* » (Lévi-Strauss, *Tristes Tropiques*, XXXVIII).

La peur de la différence, qui par définition nie tout droit à l'autre, et qui immanquablement conduit à l'horreur et à la terreur, devient absurdité étant donné que la différence est la principale caractéristique de l'espèce humaine. Comme cette différence lubrifie même la descendance cognatique, comment s'étonner de la différence de race et de niveau de développement entre les peuples et les nations ? C'est justement ici qu'il y a à mettre en évidence une source du respect qui est dû à toute culture et à toute communauté humaine: n'importe quelle culture est un effort de réflexion sur le mystère du monde et, en particulier, de l'homme. Le cœur de toute culture est constitué par son approche du plus grand des mystères, le mystère de la vie humaine.

Toute culture a quelque chose à enseigner sur l'une ou l'autre dimension de cette vérité complexe. C'est pourquoi la différence que certains trouvent si menaçante, peut devenir, grâce au dialogue de cultures, la source d'une compréhension plus profonde du mystère de l'existence humaine. Ainsi devrait naître une mondialisation humanisante, définissant des projets de développement humain, en pensant non point à une race spécifique qui en serait la seule bénéficiaire, mais plutôt aux cadres territoriaux les mieux appropriés pour les conduire, indépendamment de la différence dont pourrait faire montre l'espace récipiendaire.

Barbare, n'est-ce pas que nous l'avons tous été ? La case, le tam-tam, la tribu, la tradition orale, la palabre… ces clichés antédiluviens ne doivent plus incarner les traits caractéristiques de l'identité culturelle congolaise et africaine, comme pour attester que la vie chez les Noirs s'est immobilisée dans la préhistoire, alors que toutes les civilisations ont connu et dépassé ces moments. Les Grecs appelaient *barbare* tout peuple qui ne pratiquait pas la civilisation grecque, qui ne parlait pas la langue des Hellènes, quel que fût son degré d'évolution culturelle. Les Romains reprirent le terme à leur compte : un *Barbarus*, c'est un non-Romain. Plus tard, les Germains eux-mêmes utiliseront cette habitude linguistique : la loi des Francs *(loi salique)* appelait *Barbare* quiconque n'était ni Romain ni Franc.

Les Germains étaient perçus par les Romains comme des barbares parce qu'ils avaient un mode de vie sommaire, inférieur matériellement et du point de vue des institutions, par rapport aux provinces romaines du Bas-Empire. Mais au Ve siècle, lorsque l'esprit public s'effiloche en Gaule, en Italie, en Espagne, les populations, épuisées par la fiscalité, les crises économiques et les affres d'une administration impériale totalitaire, éprouvent la nécessité des apports exogènes. Ils ne redoutent plus, par conséquent, rapprochement avec les *Barbares germains*, adoucis par leur contact avec le monde romain.

L'Eglise catholique – établie officiellement depuis 313 (édit de Constantin) – est alors une force de progrès et va jouer un rôle déterminant. Entre l'Empire qui s'écroule et le sang nouveau qu'apportent les *Barbares germains*, l'Eglise catholique fait rapidement son choix : conserver de Rome ce qui s'accorde avec sa mission et, pour le reste, s'entendre avec les nouveaux venus. Ainsi va éclore une civilisation européenne nouvelle dont l'aboutissement est l'actuelle « *Union Européenne* ». Lorsque le Pape Grégoire II, entre 724 et 731, envoie le missionnaire anglais Boniface christianiser les *Barbares germains*, il lui dit ceci :

«Boniface, tu dois te faire colonisateur, au sens romain du terme. Il te faut agir sur les hommes et les cités, au niveau de leur vie quotidienne, afin de provoquer intérêt, sympathie, et montrer ainsi l'universalité de la religion chrétienne et ce qu'elle apporte aux hommes avec son dogme. Tu ne parviendras à évangéliser et convertir au nom du pontife de Rome, à imposer avec la foi en Christ et les traditions catholiques une nouvelle morale, un renversement définitif des valeurs élémentaires qu'à la seule condition de détruire les marques d'idolâtrie et de construire de nouvelles demeures : celles où habitera à jamais le Seigneur. Prends garde de baptiser hâtivement les païens : ils peuvent dissimuler, affecter une soumission et une adhésion par crainte de sévices ou de représailles de leurs faux dieux, voire de leurs maîtres, ou même par convoitise, lorsque les paroles des missionnaires s'accompagnent de largesses, de distributions de vivres et de vêtements. Montre-leur que le baptême les oblige en les délivrant, que toute crainte s'écarte, sous réserve de savoir gagner son manger. Evêque, tu dois apprendre à ces païens non seulement le dégoût de leurs faux dieux qui ne leur donnent jamais rien, mais le goût du labeur d'où naît la vie nouvelle ».

Parcourant la Rhénanie, la Bavière et la Hesse pour évangéliser les Saxons, Boniface, surnommé « *l'Apôtre de la Germanie* », détruisit les objets du culte païen et fonda la ville de Fulda, en Allemagne, ainsi qu'un grand nombre d'églises et de couvents. En reconnaissance pour ses loyaux services, le Pape Grégoire III le nomma, en 751, archevêque de Mayence et primat de toute la Germanie. Il fut assassiné en 754 par les Frisons, peuplades de Frise, en néerlandais Friesland, province du Nord des Pays-Bas, donnant sur la mer du Nord. L'expérience de *la romanisation* de l'Europe occidentale démontre que chaque homme est enraciné dans une culture. Que nul n'est barbare. Que la culture universelle ne se construit pas contre les cultures nationales, ni à côté d'elles. Que les nations naissent par la convergence culturelle des tribus et des ethnies. Que les peuples dominés et colonisés se civilisent en intégrant peu à peu, comme une de leurs dimensions constitutives propres, les valeurs qui ont rendu possible leur assujettissement, et qui ont prétendument fait la supériorité de l'envahisseur colonial. Ce qui est toujours en jeu lorsque deux cultures se rencontrent, c'est l'épaisseur de la différence que les uns et les autres sérient, et le dessin de ressemblances appréhendé de part et d'autre.

Cette tension entre deux cultures distinctes, entre l'autochtone et l'étranger, entre moi et l'autre, entre deux tribus, en effet, peut être considérée comme immanente à l'être humain. Les hommes se croient d'abord membres d'une seule grande famille, et ils le sont. Mais, à cause du caractère historique concret de cette même nature, ils sont nécessairement attachés de manière plus intense à des groupes humains particuliers, avant tout à la famille, puis aux divers groupes d'appartenance, jusqu'à l'ensemble du groupe ethnique et culturel désigné, non sans motif, par le terme de nation qui évoque la naissance.

La condition humaine est ainsi placée entre ces deux pôles : le particulier qui symbolise la naissance et l'universel qui, à des degrés divers, incarne l'autre ou l'étranger. Ainsi se met en mouvement l'œuvre civilisatrice, à l'instar de la *romanisation* de l'Europe, en veillant à ce que le droit à la différence n'étouffe pas le droit à la ressemblance, que l'amour du genre humain fasse barrage aux tentations tribalistes, xénophobes et racistes. Blancs, noirs, jaunes, les êtres humains ont tous des comportements acquis, fondés sur des schèmes socioculturels, toujours venus de l'autre ou d'ailleurs ! Il n'y a donc pas chez un quelconque peuple des comportements naturels, instinctifs et définitifs. N'est-ce pas que nous sommes tous des peuples *métis*, qui en grec veut dire *intelligence*, alors qu'en français le terme renvoie au mélange, à l'ouverture, à l'autre, à la solidarité, au partenariat et finalement à l'humanité ?

Vaincre la crise

Demeurer tribaliste, xénophobe et raciste au troisième millénaire, c'est nier et rejeter son humanité, c'est verser dans la paranoïa du complot dominateur de l'étranger. La Belgique, la France, l'Allemagne et la plupart des pays européens sont ce qu'ils sont aujourd'hui grâce à la domination coloniale romaine. Qu'avons-nous fait de l'héritage colonial belge ? Si la Belgique ne fait plus référence à ses tribus d'antan, si les *Nerviens*, les *Ménapiens*, les *Eburons*, les *Morins, les Aduatuques* et les *Germani* sont tout simplement devenus Belges, en mettant en commun leurs valeurs respectives pour fonder la nation belge, comment expliquer que les tribus du Congo se regardent encore en chiens de faïence et refusent la convergence de leurs spécificités traditionnelles pour forger la naissance d'une nation congolaise inclusive, fraternelle et tout entière mobilisée pour le bien commun ? C'est ce déficit d'entente cordiale entre nous qui est la principale racine de la crise congolaise. Il explique l'absence de République, l'incapacité générale à se mettre d'accord sur des valeurs communes qu'un Etat devra incarner.

Mutatis mutandis, cette défaillance devient vecteur de la haine de l'autre, de l'étranger et du rejet des valeurs dont il est porteur. Et dans la combinaison de ces deux redoutables instruments du refus de l'autre se trace l'espace de tous les réflexes défensifs, de tous les replis sectaires, de tous les tribalismes, *du recours à l'authenticité* et finalement de cet isolement que l'on appelle *P.P.T.E.* C'est-à-dire : *Pays Pauvres Très Endettés*. C'est ici que le rôle prométhéen de la Révolution du Bon Sens prend tous ses reliefs.

En effet, cette doctrine s'appuie sur la conviction que l'histoire humaine se fera de plus en plus planétaire, que la société sera de plus en plus celle des humains tout court et non plus celle des races, des ethnies ou des tribus, et qu'à défaut d'une volonté politique forte, appuyée sur un réalisme sans concession, rien n'est possible. Le temps est venu de sortir de l'invective et de la peur pour oser inventer des formules qui permettent de faire d'une diversité culturelle assumée l'outil d'échafaudage d'un pacte social sans équivoque. Le *Bon Sens* dont René Descartes, dans son *Discours de la méthode,* dit être la chose la mieux partagée par *dame Nature,* devient ici pratique révolutionnaire pour dire aux Congolais qu'ils ne sont qu'en retard de développement et non condamnés au sous-développement, qu'ils ont tout ce que tous les peuples possèdent comme atouts pour se développer, que leur capacité à accéder au bonheur dépend de leur décision, de leur volonté et de leur détermination, et que les tribus et les ethnies, rassemblées par les aléas de l'histoire, doivent cesser d'incarner des appartenances et des croyances cadenassées, pour lancer l'engagement de construire le seul ensemble commun qui vaille : la communauté des êtres humains.

La Révolution du Bon Sens devient donc la pièce à conviction du destin commun de l'humanité et l'emblème de la sottise du tribalisme, du racisme et donc de la relativisation du principe de l'immutabilité des cultures. Relativisation mais non négation ! Car il est des manières de nier la singularité des cultures qui ne font que produire le tribalisme, la xénophobie, comme il est des manières de rejeter la mondialisation qui ne font qu'activer le racisme. Une culture ne peut s'abolir pour rejoindre la mondialisation, comme les peuples ne peuvent s'oublier pour faire l'humanité. La force de la mondialisation et la survie de l'humanité reposent non pas sur une quelconque unicité des mœurs et encore moins sur une présupposée uniformité culturelle, mais plutôt sur des valeurs communes des hommes faites de droits et de devoirs, enrichies des différences de chaque culture. Voilà pourquoi, affirmant que tout est possible à celui qui décide de s'armer de projet et de persévérance, que rien ne résiste au principe du vouloir et aux objectifs du désir, la doctrine de la Révolution du Bon Sens affirme que la fatalité est déraison. La déraison est oubli de son humanité. La raison est action. L'action, c'est le propre de l'homme. Cette action commence par la rébellion des intelligences, par l'explosion de la connaissance, par le règne de la vertu et par la nécessité d'une révolution complète dans la façon d'aborder les affirmations morales, spirituelles et religieuses d'où émanent, en dernier ressort, toutes les transformations de la structure politique, sociale et économique.

On oublie trop souvent que la réparation de la fracture sociale passe aussi et d'abord par le règlement de la fracture culturelle. Ainsi le lien entre prospérité collective et bonheur individuel devient un devoir civique. Ne craignons donc pas de développer nos qualités morales autant que nous le pouvons. Il est juste de dire qu'une bonne structure sociale aide considérablement au développement moral, et que l'investissement culturel est aussi un investissement social. Mais il est encore plus juste de dire que la bonne édification d'une société dépend du niveau du développement moral. La foi inébranlable dans les vertus morales est le terrain solide sur lequel se construira le nouveau Congo. En tout état de cause, je ne vois d'autre salut pour le Congo que dans cette triple attitude : détachement devant l'attrait de l'argent, foi en la perfectibilité du Congolais et travail des mains. Il s'agit donc d'un renouveau des mœurs et des manières où tout homme, sans exception d'ethnie, de religion, vivra une vie pleinement humaine, affranchie des servitudes qui lui viennent d'une nature insuffisamment maîtrisée. Il faut bien un jour que le débat soit porté sur le terrain qu'il n'aurait jamais dû quitter : celui de l'homme congolais et de sa manière d'être, celui du dialogue du citoyen congolais avec lui-même.

Pour un Congo dynamique,
entreprenant et confiant en l'avenir

La longue marche du Congo depuis son accession à la souveraineté n'a pas connu les succès que le peuple congolais était en droit d'attendre des promesses de ses politiciens. Elle a représenté une véritable exclusion de l'histoire universelle tant le génie créatif de ce peuple n'a pu véritablement s'incarner dans le temps et dans l'espace, faute d'avoir des dirigeants habités par un souci de servir la nation en faisant preuve de rationalité en tous lieux, en toutes circonstances et à tous les échelons.

C'est cette nouvelle façon de penser et d'agir que les Patriotes congolais, hommes et femmes de bonne volonté mobilisés, conscients des enjeux du monde contemporain sont appelés à intégrer dans les institutions pour l'établir en tradition, afin de l'utiliser pour relever un défi, à savoir : *engager le Congo dans la voie de sa Renaissance.*

Cette *Renaissance congolaise* qui matérialise, focalise dans l'itinéraire historique et dans les mutations spécifiques du Congo, un discours panafricain, une conscience africaine unique tendue vers la construction d'une nouvelle Afrique en lieux et places des empires coloniaux et de l'apartheid, doit être politique, économique, sociale, démocratique, scientifique, technologique, communicationnelle, éducationnelle, sportive, artistique, etc.[1] Elle est le Renouveau congolais qui refuse toute hégémonie, toute oppression et toute diversion, qui lutte pour que la dignité, le respect et la responsabilité africaine fassent partie de notre vie.

En définitive, cette Renaissance a pour but de redonner au Congo :

---

[1] Voir OBENGA Théophile, *Le sens de la lutte contre l'africanisme eurocentriste*, Khepera/L'Harmattan, Gif-sur-Yvette/Paris, 2001, pp. 41-42 et 67ss ; M'BOKOLO Elikia, « La Renaissance africaine », entretien accordé à *Afrique-Espoir*, n°25, janvier-septembre 2003, pp. 6-7.

- la vie, qui est là, pressante, avec des tâches multiples, aussi urgentes les unes que les autres ;
- la conscience historique, la maîtrise de la construction du présent et une vision du futur ;
- la dignité humaine.

Cette renaissance, la Révolution du Bon Sens en fait un combat essentiellement moral. Elle préconise que l'amélioration de la condition humaine de chaque Congolais soit et demeure une fin pour toute action, une raison d'agir dans l'ordre éthique comme dans l'ordre politique, et une raison d'espérer.

Nageant dans les eaux du possible et du souhaitable, la Révolution du Bon Sens ne fait que :

- Se risquer d'agir et faire des choix ;
- Avoir ce courage et croire que rien n'est impossible à l'esprit créatif, à la volonté persévérante et à l'effort ;
- Se convaincre de la perfectibilité de la nature du Congolais ;
- Devenir responsable, dans ses décisions et de ses actes ;
- Construire une image de l'avenir enthousiasmante et crédible afin de faire naître des comportements constructeurs ;
- Bâtir le futur en transcendant le passé, dans un respect de traditions associé à la conscience de leur nécessaire réforme, et en étant convaincu que tout ce qui est transmis, reçu, donné en héritage mérite d'être pris en considération, soumis à une évaluation critique, pour être préservé et respecté si l'on juge qu'il mérite de l'être.

Cette volonté de porter le fer là où les blessures de la dignité congolaise saignent le plus vivement, n'a de motif que l'expression d'un sentiment fort, très intensément ressenti, qui plonge ses racines dans les aurores d'une pratique politique émergente située au-delà des calculs politiciens et partisans, bien loin des contingences institutionnelles, mais au cœur des convictions tenaces et d'un engagement politique définissant une attitude neuve, portraiturant une nouvelle race d'hommes politiques congolais, incarnant la régénération de la nature humaine congolaise.

Cette dévotion à la *Révolution du bon sens* est une forme essentielle du mythe de l'homme congolais nouveau. Son avènement, sa systématisation puis sa concrétisation en institutions nouvelles et en nouveau style de vie, consacreront la naissance de la nouvelle République Démocratique du Congo.

Quatrième partie :
Se doter de nouveaux points cardinaux

Voir ce qui se passe autour de soi
et en prendre conscience

L'histoire du Congo demeure un drame incessant :

- Une nation où la citoyenneté et le sentiment national sont en état de coma avancé et donc sans paix sociale, alors que pour être une nation, la population d'un pays doit être *unie,* sans doute par des caractères communs (race ou langue ou religion, etc.) ou par les mêmes usages et les mêmes modes de vie..., mais surtout *par la volonté de vivre en commun.*
- La vie nationale est sans démocratie, sans représentation du peuple dans l'Etat. Autrement dit, le peuple ne pourra jamais s'autodéterminer et se réaliser comme une communauté sociale organisée qu'on appelle volonté générale. Cette vie *nationale* sera sans contrat social, lequel crée le peuple comme concept politique, corps souverain. Ainsi s'installe un contexte national inhospitalier à la loi et l'existence de celle-ci comme expression de la volonté générale, vérité objective du groupe, supérieure aux intérêts particuliers, devient fugitive et superfétatoire. De facto, la fondation d'un corps social, d'une mystique nationale périclite. La société congolaise en est là.
- Le Congo n'est jamais devenu une République, c'est-à-dire où l'autorité qui s'exerce sur le peuple vient de chaque membre de la communauté. La noblesse n'est pas conférée par le service rendu au peuple à travers des œuvres d'intérêts communautaires, les richesses n'appartiennent pas à tout le monde, mais à un individu, les impôts ne sont pas la propriété de tous et non affectés suivant les besoins définis par le peuple à travers ses élus, le citoyen n'est pas l'égal du président devant la loi[1].

Ce déclin généralisé alimente divers facteurs de divisions nationales, à savoir :

---

[1] Voir, pour certaines notions : COMMISSION EPISCOPALE JUSTICE ET PAIX, *L'Etat et ses services spécialisés. Administration publique et état de droit,* Module de formation n°3 à l'intention des animateurs paroissiaux de la Commission Episcopale Justice et Paix et des agents locaux de l'Etat, Kinshasa, 2003, pp. 4-5.

1. la baisse dramatique de l'espérance de vie ;
2. l'absence d'une véritable unicité du peuple qui menace à terme la cohésion sociale ;
3. la maigre influence du Congo sur le plan régional et continental ;
4. la réduction de ses capacités de défense ;
5. l'influence grandissante des particularismes régionaux.

Cette crise congolaise totale se traduit :

- en un sous-développement économique marqué par notre exclusion d'une économie mondialisée et une absence d'entreprises faute de règles ;
- en un sous-développement politique marqué par des mœurs et des comportements pervertis ;
- en un sous-développement culturel marqué par le tribalisme – faisant de la tribu un objet de clientélisme politique et le lieu de relents xénophobes – qui empêche l'affermissement de la citoyenneté;
- en un sous-développement psychologique marqué par le sentiment de désespoir et de découragement subséquent aux guerres, à la misère et aux épidémies.

Comprendre notre société, c'est donc comprendre ce drame, mais aussi prendre conscience des attentes et des besoins de nos concitoyens en quête d'une société du bien vivre. À cette fin, nous devons avoir à l'esprit que la société congolaise est traversée par un double mouvement contradictoire : d'une part, le règne de l'esprit du laisser-faire et la progression de l'idée d'une nation sans interdit, où tout est permis ; et d'autre part, un besoin grandissant d'ordre et d'autorité dans la sphère sociale.

La Révolution du Bon Sens intervient à cet effet comme un projet de civilisation, exprimant le désir de façonner les contours d'une ambition qui ne se limite pas à instituer une société du bien-être, mais aussi une société du bien vivre. Elle remet en question la notion de réalisme politique qui refuse le principe d'une marche sociétale rythmée par des ruptures régénératrices incessantes. Si l'on pense que le sous-développement du Congo ou son mal développement est un fait accompli et qu'il faut s'en accommoder, on travaille pour le moindre mal, le moindre effort, c'est-à-dire qu'on collabore. Ce type de réalisme se tient toujours à la surface de la réalité, qui est provisoire. L'histoire est incertaine et changeante. Elle peut aujourd'hui rendre inimaginable ce qui a été réalité hier, comme ce qui sera réalité demain peut paraître aujourd'hui irréalisable.

L'enjeu est de bâtir une société congolaise sûre d'elle politiquement, forte économiquement, soucieuse d'égalité et de justice, et consciente de ses valeurs qui placent le destin de l'homme au-dessus de tout. La Révolution du Bon Sens invite les Congolais à affirmer cette ambition de tirer la construction de la nation vers le haut, et plus que jamais porter haut les valeurs universelles d'effort, de métier et d'entraide.

Au regard de cet enjeu, le bon sens devient pratique révolutionnaire intégrant l'ensemble des paroles, des symboles et des actes qui visent à transmettre des savoirs, des gestes et des valeurs qui aideront les citoyens à fonder une nouvelle personnalité, à se préparer à l'exercice de leurs responsabilités. Cette pratique est alors le fait des parents, des enseignants, des directeurs de conscience, de l'Etat par ses lois et règlements, de la société par le biais des média et des comportements collectifs. Cette pratique révolutionnaire a comme buts :

- Promouvoir le culte du travail, de l'effort, du courage, de l'esprit de sacrifice et un sens aigu de l'organisation ;
- Rechercher une synergie de consciences, de volontés, d'actions et d'objectifs, entre gouvernés et gouvernants ;
- Susciter l'éveil patriotique et la mise des forces du pays en bon ordre de bataille du développement ;
- Bannir le népotisme, le tribalisme, le clientélisme politique, l'esprit courtisan, vaniteux, servile, bureaucratique ;
- Tenir un débat national permanent sur les défis du développement ;
- Faire de l'ignorance le principal ennemi de la République, et de la diffusion des connaissances la clé du salut national ;
- Tout faire pour que les intelligences nationales soient placées dans des conditions où elles sont libres d'agir.

Libérer les esprits

Le 20ème siècle a installé le Congo dans le *capitalisme débridé*[1]. En tant que système encourageant l'accumulation des richesses et récompensant les individus imaginatifs, doués et travailleurs, dans ses perspectives, le capitalisme a en effet tendance à :

- se soucier principalement de la maximisation du profit ;
- évaluer chaque individu en fonction de ses talents et de son apport à la production ;
- souligner la nécessité d'un système de récompenses qui encourage les plus talentueux et les plus travailleurs à amasser et à économiser autant de richesses que possible ;
- présenter le marché libre comme le mécanisme le plus efficace et le plus équitable quant à la distribution des biens et des services.

S'il est, aujourd'hui, devenu essentiellement financier, le capitalisme était, dans son premier âge, une logique industrielle, avec la production comme moteur de l'accumulation du capital. Sous des formes plus ou moins rudimentaires et conscientes, ce modèle a eu deux visages : celui du patron et du travailleur. Il a reposé sur une stratégie : la croissance interne de la firme par le développement des ventes, la conquête et la construction d'un marché au moment où le

---

[1] Il sied de rappeler ici que les valeurs de la culture capitaliste sont le droit de propriété, une philosophie économique fondée sur l'individualisme et les vertus de la concurrence entre les producteurs. Quant aux pratiques associées au capitalisme, elles comprennent la propriété privée des moyens de production, la recherche du profit par des chefs d'entreprise que guide leur propre intérêt, le droit aux gains illimités que peut procurer l'effort économique. Et dans sa formulation « idéale », le capitalisme met également l'accent sur une grande part de *laisser-faire* et sur le règne de la *loi du marché* en matière de production, de distribution et de profit. Certaines notions issues des doctrines individualistes et une certaine « éthique protestante » qui insiste sur les accomplissements individuels et l'acharnement au travail, sont généralement considérées comme parties intégrantes du credo capitaliste (Mc CLOSKY Herbert et ZALLER John, *Capitalisme et Démocratie. L'Amérique juge ses valeurs*, Nouveaux Horizons/Economica, Paris, 1990, p. 22).

public s'ouvrait à la consommation. Cette stratégie supposait un investissement de long terme dans l'outil de production et des efforts d'organisation de la production, dont le taylorisme a été le symbole avec pour corollaire une croissance des gains qui s'adossait à l'essor du chiffre d'affaires.

La foi dans ce système a été la grande croyance ayant dominé la vie de la nation congolaise depuis quarante ans. Mais hélas, on a confondu firme et Etat, accumulation des richesses et dilapidation des deniers publics, usines et trésor public, dividendes et corruption. Une certaine *bourgeoisie* en a été l'avorton. Elle a semé dans la société l'idée selon laquelle seul le métier de politicien embourgeoise sans exigence de compétence et sans contrepartie de travail et de mérite.

Les élites congolaises confondent simplement le capitalisme et le *cupidisme*. En s'écartant des perspectives capitalistes ci-dessus épinglées et en érigeant ce *cupidisme* en culte, ces élites soucieuses d'accumuler de l'argent facile ont détruit l'esprit d'entreprise et ont permis à l'Etat de réaliser de grands vols, notamment à travers la zaïrianisation[1], sans que la justice n'exige la moindre instruction.

---

[1] Les mesures dites de zaïrianisation (le Congo s'appelait alors Zaïre) sont celles qui furent prises par le régime de Mobutu sous le prétexte d'amorcer un nouveau processus d'affirmation de l'indépendance économique nationale. Une loi [illegible] promulguée le 5 janvier 1973 (loi 73/009) réglementant l'exercice du commerce : elle exclut les étrangers de l'exercice du commerce en général pour le confier aux nationaux. Les secteurs visés furent précisés plus tard : celui de la distribution désormais exclusivement confié aux privés congolais, alors zaïrois (cfr. discours du chef de l'Etat du 30 novembre 1973) et celui des activités agro-industrielles désormais gérées sous forme d'Offices nationaux à la tête desquels furent promus de nouveaux cadres (cfr. discours du chef de l'Etat du 31 décembre 1973). Les conséquences ne furent pas heureuses, ni en terme de production agricole, ni en terme de concentration de plusieurs affaires entre les mains de certaines personnes. Elles ont surtout abouti à la substitution aux capitalistes étrangers, d'une nouvelle classe des riches nationaux. Et c'est ce que voulait Mobutu dans cette vaste escroquerie nationale. Les mesures de radicalisation épinglant les dix fléaux rongeant le système (30 décembre 1974), puis celles de rétrocession de 40% aux anciens propriétaires étrangers des entreprises (décision du 30 décembre 1975) ne purent rien contre la dérive et l'économie congolaise mourut de sa belle mort. Elle est inexistante aujourd'hui. Voir : dans la revue *Zaïre-Afrique*, n°92, février 1975, p. 122-127 : *Les décisions du 30 décembre 1974* ; n°102, février 1976, p. 89-100 : *La stabilisation des entreprises zaïrianisées et radicalisées* (par Kikassa Mwanalessa) ; n°109, novembre 1976, pp. 517-525 : *De la "stabilisation" au redressement des entreprises zaïrianisées et radicalisées* (par Kikassa Mwanalessa).

Ce *cupidisme* hante tellement le Congolais qu'il devient normal que le métier de politicien signifie le moment d'accumulation des richesses et non de service à la nation, à l'Etat, au pays. Cette dispendieuse prévarication influence fortement et négativement le cours et le caractère de l'évolution de la nation congolaise et continue à faire autorité dans la culture politique[1] nationale. C'est le règne de la déraison qui empêche le Congo de participer pleinement et d'agir sur la politique internationale faute de puissance politique et économique, et de participer à la quête d'une vraie paix entre les hommes.

De fait, quand l'on observe la participation des Congolais aux affaires politiques et les attitudes du public en la matière, on est obligé de conclure qu'après les turbulences politiques et sociales des années 1960, ainsi que les traumatismes engendrés par quarante-quatre ans de guerre et de pillage, le peuple congolais n'a plus de racine : il a perdu ses valeurs permanentes, ses repères. L'on pourrait dire que si le Congo souffre de la perte de l'estime de soi, c'est parce qu'il est confronté à l'absurde, à la chute des principes et à la découverte de la vanité des vanités. Il a perdu et le nord et l'ouest et l'est et le sud. Il dérive, traîné au fil de l'eau, sans boussole, sans points de repère, sans points cardinaux[2]. Il est l'éternel irresponsable, l'éternel inessentiel. Face à la remise en cause des principes mêmes sur lesquels était fondée la vie du Congo ancien, quelques propositions se profilent sur cette toile de fond de notre marche historique moderne :

- la prédation ne peut être un aboutissement ; elle n'est qu'une voie vers la décadence ;
- le dynamisme congolais ne doit pas chercher à submerger la nouveauté occidentale, mais plutôt à s'en accaparer pour en être fécondé, ce qui ne signifie en rien renier l'héritage culturel négro-africain, ni mettre le Congo à la remorque de la civilisation

---

[1] La culture politique est entendue ici comme une série de valeurs, de convictions et de normes largement partagées par l'ensemble de la population, concernant les rapports qui existent entre les citoyens et leur gouvernement ou entre les citoyens eux-mêmes, dans le domaine des affaires publiques.

[2] SANGU Sonsa, *La dérive ou la chute des points cardinaux*, ORTF-DAES, Paris, 1973 (voir KADIMA-NZUJI Kadima, <La littérature du Zaïre : un parcours critique. III. Des auteurs et des œuvres. C. Théâtre> dans *Zaïre-Afrique* n°153, mars 1981, p. 161.

occidentale, ni réduire l'homme congolais à la sauvagerie d'une rationalité démente pour mettre en veilleuse les énergies affectives de l'être négro-africain et ses fonctions fertiles de l'imagination et du rêve en tant que forces permettant d'assurer son équilibre intérieur ;

- l'amour de la nation, de l'état et du pays devrait rencontrer et non s'opposer à l'amour particulier.

La société congolaise a donc besoin d'un nouvel ethos[1].

Dire que la société congolaise réclame un nouvel ethos, c'est signaler la nécessité d'un changement des mentalités, qui ne peut évidemment pas résulter de quelques bonnes paroles ou de quelques décrets impératifs. Ce nouvel ethos suppose simultanément et corrélativement des changements :

- d'esprit, d'échelle de valeur et de mesure ;
- de dynamique collective et de logique de pensée et d'action.

Au bout du compte, ce mot ethos suppose un changement, au moins relatif, de manière d'être et de conscience collective. Et pour maîtriser ce changement des mentalités, dans toute son ampleur, deux conditions majeures s'interposent : une compréhension profonde des enjeux ; et une stratégie subtile et déterminée.

L'une et l'autre se complètent et, dans la pratique, le plus grand discernement devra accompagner la pertinence des actions, parce que le changement des mentalités peut remettre en cause de proche en proche la totalité des fonctionnements, des règles du jeu, des méthodes et même des techniques.

C'est toute la cohérence de l'organisation qui est donc en jeu et à constituer. Ceci pour dire que ce changement ne peut être une transformation artificielle par l'extérieur des conditions de fonctionnement de la société. Il ne peut être qu'une auto-évolution du corps social lui-même qui transforme de proche en proche tout son fonctionnement. Cela rejoint la notion de culture. Un changement de

[1] Ce mot fort peu usité en français, signifie « *mœurs, un caractère commun à un groupe, une manière d'être sociale* » ou encore « *les attitudes et habitudes qui caractérisent ou distinguent un groupe social ou politique* ». C'est ce dernier sens qui rencontre notre position.

mentalité ne peut être un changement de culture mais un changement dans la culture de l'organisation. Chaque société possède par sa culture une palette de mentalités possibles et donc une diversité de possibilités d'évolution. Il faut donc chercher dans ses propres racines culturelles les clés du changement de mentalité. On aura d'abord ainsi à le qualifier, c'est-à-dire à indiquer un sens nouveau qui soit significatif pour les gens et dans lequel ils puissent encore se reconnaître. Il faudra ensuite faire usage de méthodes culturellement recevables et dont la logique soit elle-même significative de l'orientation du changement désiré.

On devra notamment prendre garde au fait que les mots et les actions sont d'abord interprétés dans la logique naturelle en vigueur avant de pouvoir signifier d'autres perspectives et d'autres valeurs espérées. Car, changer les mentalités, c'est activer une logique culturelle latente et favoriser le développement de tous ses modes de manifestation spécifiques (fonctionnement, valeurs, sensibilités, etc.).

Tout cela réclame une maîtrise de la subjectivité collective et échappe aux calculs trop rationalistes ou volontaristes qui attribuent à la seule raison le pouvoir de changer les comportements. Ici l'affectivité, l'imaginaire, le sentiment d'appartenance et d'identité sont les leviers majeurs. La séquence méthodologique pourra être la suivante :

- repérage de la cohérence culturelle de la dynamique du changement, de sa tendance actuelle, de son orientation désirée ;
- conception d'une stratégie ad hoc, significative de l'orientation choisie ;
- conduite du changement par communication progressive à partir de personnes relais et d'opérations signifiantes.

Sur le plan pratique, les phases une et deux doivent être menées dans la plus grande discrétion pour ne pas susciter de contre-feux prématurés, en sachant que les clés de la transformation des comportements réside dans la discrétion sur l'objectif et la justesse de son sens. Et pour que naisse un courant puissant de ce changement, il faut favoriser ce qui va dans ce sens et neutraliser peu à peu ce qui en diverge sans s'y opposer, en créant des foyers d'activation et d'animation sur le terrain même des préoccupations des gens, en repérant et encourageant tout ce qui favorise authentiquement le changement attendu, et en constituant un noyau d'acteurs du changement dont la force de conviction et la pertinence des actions conditionnent la réussite de l'opération.

Ces propositions sont indispensables pour mettre le Congolais face à ses obligations. Oui, le Congolais qui a tout saccagé doit se remettre en question pour reconstruire. Il doit se doter de nouveaux points cardinaux, de façon à briser la déraison. *C'est cela neutraliser nos handicaps.* Il faut relever maintenant le plus grand défi du Congo : le défi de la rationalité, c'est-à-dire le défi de l'usage plénier de sa raison dans l'organisation de la société, de l'économie, de la politique, ainsi que dans la mise sur pied d'une dynamique scientifique forte et prometteuse. Car la raison, c'est bien cette force, cette fonction directrice par laquelle l'homme peut comprendre sa vie et l'organiser de manière à répondre le plus adéquatement possible aux défis de son histoire, aux problèmes matériels et spirituels réels de son destin dont elle permet de prendre conscience en termes d'obstacles sociaux handicapants, de fins de la vie sociale, de moyens.

Agir en valorisant nos atouts

Face à l'anesthésie provoquée par ce déclin et empêchant les Congolais, pétrifiés comme des damnés atterrés par leur propre élan de frapper l'oppresseur car non assurés de le vaincre et acculés par leur propre violence à se battre entre eux[1], les Congolais se réfugient dans la passivité, l'ivrognerie, la luxure, la licence et l'attente du miracle, au lieu d'exercer leurs capacités de compréhension, de jugement et d'action, et de clamer haut et fort : *je suis un homme*[2]... et jamais nous n'accepterons que notre subsistance ne dépende d'autre chose que de notre travail, parce que l'homme n'a d'existence que lorsqu'il agit.

Dans la pièce de Jean-Paul Sartre, *Les Mouches,* Oreste ne commence à exister qu'au moment où il assume sa propre responsabilité et celle de son pays. Est-il possible que l'histoire note un jour : « *il était une fois, au cœur de l'Afrique, vivait un grand peuple, un peuple noir, d'une vigoureuse intelligence, d'une grande puissance de travail, d'une remarquable fécondité créatrice, un peuple maniaque de propreté, possédé par les vertus, toujours prêt à se donner la main pour construire l'intérêt général dans la fraternité...* » Voilà ce que notre destin nous lance comme défi ! Telle est l'accablante responsabilité de chacun de nous. Prenant conscience que l'espérance jaillit de la foi, et que cette foi, c'est d'abord et avant tout la confiance en soi : comment s'armer d'une confiance nouvelle en notre personnalité nègre, congolaise et africaine ? La Bible raconte. Matthieu 13, 28 : « *Pierre dit à Jésus : Seigneur, si c'est toi, donne-moi l'ordre d'aller sur l'eau jusqu'à toi. Et Jésus lui dit : Viens ! Pierre descend donc de la barque ; il marche sur l'eau et s'approche de Jésus. Mais il voit que le vent est fort et il a peur, et comme il commence à s'enfoncer, il crie : Seigneur, sauve-moi ! Aussitôt Jésus étend la main, le saisit et lui dit : Homme de peu de foi ! Pourquoi as-tu hésité ?*» En effet, nous sommes encore des hommes de peu de foi

[1] CLEAVER Eldridge, *Panthère Noire,* Ed. du Seuil, Paris, 1970, p. 15.

[2] KABANGA Eugène Mgr, *Je suis un homme,* lettre pastorale, Lubumbashi, 1976.

en nous. Nous devons attribuer notre sous-développement à notre extrême dévitalisation.

Pouvons-nous avoir le courage de nous reconnaître dans l'homme du célèbre chant du chœur d'Antigone, dans lequel Sophocle caractérise l'homme comme étant la plus grande merveille du monde ? « *Il est bien des merveilles en ce monde, il n'en est pas de plus grande que l'homme. Il est l'être qui tourmente la déesse auguste entre toutes, la Terre, la terre éternelle et infatigable, avec ses charrues qui vont sans répit la sillonnant chaque année... Par ses engins, il est le maître des bêtes indomptées qui courent par les monts... Bien armé contre tout, il n'est pas désarmé contre rien de ce que lui peut offrir l'avenir. Contre la mort seule il n'aura jamais de charrue permettant de lui échapper, bien qu'il y ait déjà su, contre les maladies les plus opiniâtres, imaginer plus d'un remède...* » Cet ouvrage est élaboré pour dire à l'individu congolais qu'il est cet homme, qu'il est ingénieux dans son intérieur et qu'il est temps qu'il s'éveille à cette ingéniosité qui est en lui... Voilà pourquoi s'ébauche, dans cette écriture, la doctrine de la Révolution du Bon Sens.

Comment alors définir la crise congolaise ? L'impuissance et l'incapacité de la société congolaise viennent du fait que nous comprenons plus le système dans lequel nous vivons. Nous méconnaissons les possibilités et le potentiel réel de la vie congolaise. Cette perte de contact avec la réalité, en commençant par la réalité de notre propre nature humaine, est la véritable cause de l'impuissance congolaise. Nous ne sommes pas capables de comprendre les forces, les structures et les valeurs majeures qui déterminent notre existence. Nous ne pouvons donc rien faire. Nous vivons tous dans cette perte inconsciente de notre potentiel vital. Dès le bas âge, nous sommes systématiquement privés de notre imagination, de notre créativité, de notre patrimoine, de nos rêves... Nous entretenons nous-mêmes l'impression selon laquelle nous ne valons rien, que nous ne pouvons rien faire, que nul n'est capable de quoi que ce soit, et que nous sommes, en définitive, une société d'incapables... Cet état d'esprit a sécrété une manière d'être et de penser : l'attachement mesquin à l'intérêt personnel, l'esprit haineux et méfiant. Chaque citoyen congolais veut agir seul. Il refuse de faire confiance aux autres dont il considère la réussite comme un préjudice personnel, comme l'extorsion de sa chance à lui. Cette attitude repose sur l'hypothèse que le Congolais est fondamentalement mauvais, et que sa condition naturelle est de lutter contre ses compatriotes. Il croit plus à la ruse qu'à la solidarité. Il croit plus à la force qu'à la fusion citoyenne des volontés et des intelligences. C'est donc à cause de cet attachement à l'intérêt personnel que la vie et la politique au Congo sont empoisonnées par la vénalité, la malhonnêteté, l'égoïsme, la trahison... Dans cette société du chacun pour soi et du gouvernement de la République pour assouvir des plans de vie privés, le citoyen devient le jouet des circonstances et des forces qui échappent au contrôle de la nation. C'est bien la preuve que l'idée de crise et la crise ont un rapport de cause à effet. En supprimant la crise, en brisant la cause, l'effet disparaît. En supprimant les idées fausses, la crise s'évanouie. Telle est donc la seule méthode de régénération à laquelle les peuples avancés ont recours. Ils suppriment la fausse image qu'ils avaient d'eux-mêmes. Ils ont foi en eux, et puisque la confiance que l'on a en soi fait naître la plus grande partie de celle que l'on a dans les autres, la nation se consolide. Ils se croient fils de Dieu, peuple élu et nation bénie. Ils pensent à la perfection, à la rectitude morale, au bon sens, partout, pour tout, en tous lieux et en toutes circonstances.

Pourquoi méprisons-nous alors le grand homme qui est en nous ? Comme aucune fleur resplendissante de beauté ne peut s'épanouir complètement sans un effort préparatoire de perfectionnement intérieur, la doctrine de la Révolution du Bon Sens invite chaque Congolais à se dire : *« je suis la graine de Sénevé, la graine qui compte parmi les plus petites semences. Pourtant, elle a la foi de savoir qu'elle possède en elle-même le pouvoir d'exprimer le moutardier, le plus grand de tous les arbustes, où les oiseaux viendront demain s'abriter. De même que la graine de Sénevé sait qu'elle peut extérioriser la plante, de même chaque Congolais doit dorénavant connaître son pouvoir intérieur d'exprimer son être le plus grand »*. Jésus a dit : *« si vous aviez la foi comme une graine de Sénevé, vous diriez à la montagne : ôtes-toi et mets-toi là. Et elle le ferait, et rien ne vous serait impossible »*. Il est temps que l'individu congolais s'émancipe, qu'il se tourne vers les possibilités supérieures de l'esprit et les développe. Nous ne devons plus laisser aux vents de la chance le soin de régler les problèmes de notre existence. Il faut, pour cela, des élites de type nouveau qui se laissent guider plus par leurs convictions que par leurs ambitions, qui refusent tant pour elles-mêmes que pour le grand public, toutes les compromissions et tous les abaissements, devenant ainsi des points de résistance à la disparition planifiée et au suicide méthodique de notre patrie. En d'autres termes, il faut une politique qui suscite la confiance parce qu'elle représente un changement fort et milite pour l'établissement d'un ethos, c'est-à-dire d'un projet de culture politique, celle-ci étant entendue comme une série de *valeurs*, de *convictions* et de *normes*[1] à faire largement partager par l'ensemble de la population, concernant les rapports qu'il faut instaurer entre les citoyens et leur gouvernement ou entre les citoyens eux-mêmes, dans le domaine des affaires publiques. Dans cette perspective, il y a lieu de dire merci à un certain nombre de Congolais, certains étant compatriotes avant la lettre, qui ont tracé le sentier du patrimoine, au prix de multiples sacrifices. Premiers de cordée, Kimpa Vita, Panda Farnana, Simon Kimbangu, Chef Kalamba, Stefano Kaoze, Joseph Malula, etc.... Ils nous permettent de croire au génie congolais et de réaliser d'exaltants rêves d'engagement patriotique et de défense du Congo, et d'ajouter leur sang[2] à la fondation saignante dont ils ont su jeter la base. Il est heureux et normal que l'agitation qui a gagné le Congo depuis les années 1980, marquée par des attaques et divers modes de contestation (affrontements de masse, recours aux armes, etc.), exprime malgré tout l'attachement à un souci, à savoir la mise en place d'un système visant à assurer un mode de vie convenable à tous les Congolais. Au-delà du climat d'affrontement, elle a contribué à

---

[1] Le mot conviction désigne ce que le sujet tient pour un état de fait (ex.: les personnes mises en concurrence travaillent plus dur que si elles ne se trouvaient pas dans cette situation). Le mot valeur est plus normatif et suppose l'expression d'une préférence subjective, car le terme renvoie à une notion de bien et de mal, de tort et de raison, de bon et de mauvais. Il désigne des *principes* qui guident la conduite ou le comportement. Le mot norme désigne une règle ou une ligne de conduite relativement spécifique que sous-tend une certaine valeur (ex.: la souveraineté populaire est une valeur qui sous-tend la norme selon laquelle les citoyens doivent participer aux affaires politiques).

[2] Ce thème a été bien exploité par MIKANZA Mobyem Norbert, *Notre sang*, pièce de théâtre, (1990).

entraîner des changements importants et à ancrer le peuple congolais dans certaines valeurs, à savoir :

- le souci d'une plus grande égalité ;
- les dissensions politiques ;
- la soif de liberté individuelle (droit à l'expression…) ;
- une contre-culture marquée par l'opposition envers certaines formes de l'autorité de la société.

De telles valeurs ne peuvent que rencontrer – parce qu'elles en sont – le projet de société de la *démocratie de développement*[1], puisque la démocratie est justement un *système visant à assurer un mode de vie convenable à tous* et que ses perspectives consistent à :

- viser à l'avènement total de la liberté, l'égalité et du bien commun ;
- attribuer à chaque individu une valeur unique mais à peu près équivalente pour tous ;
- assurer à tous, même à ceux qui sont dépourvus d'initiative ou de talents remarquables, un mode de vie correct.

Ces valeurs sont donc des pierres d'attente sur lesquelles asseoir ce projet de société car il consiste à faire de la démocratie le levier du

---

[1] Il est indispensable de rappeler ici que la théorie et la pratique de la démocratie reposent sur l'idée que toutes les personnes valent autant les unes que les autres et ont un droit égal de participer au gouvernement qui les régit – c'est-à-dire de se gouverner elles-mêmes soit directement, soit par l'intermédiaire de gouvernants qu'elles ont elles-mêmes choisis. En bref, les gouvernés doivent consentir à être dirigés par des gouvernants qui, à leur tour, doivent rendre des comptes à leurs mandants. La démocratie vise aussi à protéger les gouvernés contre toute autorité arbitraire et exige que les gouvernants observent des procédures régulières dans l'application de la loi. Bien entendu, elle suppose le droit à la liberté – liberté de parole, liberté de presse, liberté de réunion et liberté religieuse. Ce droit, sous des formes diverses, n'est pas seulement considéré comme une manifestation de la valeur de chaque individu, mais comme la synthèse des libertés indispensables au processus par lequel s'exprime le consentement des uns et s'exerce la responsabilité des autres. Tous, gouvernés et gouvernants, sont égaux devant la loi et sont censés bénéficier de droits égaux – voire de chances égales, dans toute la mesure du possible. A ces principes démocratiques auxquels s'attacher, sont attachées certaines valeurs, dont ces deux-ci parfois antagonistes, à savoir la règle de la majorité et le respect des droits de la minorité. Il y a aussi des normes telles que la primauté à donner aux élections libres, aux débats pacifiques et à l'opposition disciplinée (cfr Mc CLOSKY Herbert et ZALLER John, *Capitalisme et Démocratie*, op.cit., p. 22).

développement et propose aux Congolais un ethos ayant dans son cœur, les valeurs de la culture démocratique. Elles sont à ériger en qualités nécessaires à l'être congolais et à établir en une tradition politique, de telle sorte que l'identité nationale ne soit plus seulement organique, c'est-à-dire le produit d'un long processus d'évolution historique qui suppose des ancêtres communs, des expériences communes, un passé ethnique commun, un langage commun, une culture commune et une religion commune, mais aussi définie en termes politiques, c'est-à-dire fondées sur un credo démocratique. Cet ethos impose donc un *aggiornamento (une remise en question suivie d'une remise à jour)*, un retour aux sources du système démocratique établi à la faveur d'un combat contre les injustices et les menus actes de la tyrannie qui avaient alors caractérisé en Occident, les monarchies, le mercantilisme et les restes du féodalisme. Il se caractérise par :

- un objet : la libération de l'individu des contraintes traditionnelles grâce à la limitation des pouvoirs des riches et des personnes bien nées qui exploitaient les moins privilégiés;
- une vocation : aider l'individu à se réaliser et promouvoir la liberté, équilibrer les droits de l'Etat[1], assurer l'égalité devant la loi et pourvoir à l'application de procédures rationnelles quant aux prises de décision;
- des articles de foi (sorte d'évangile) : la perfectibilité, le progrès, l'égalité et la fraternité.

Ces paramètres doivent continuer à fonctionner comme l'horizon marqué par la démocratie et limitant le champ de vision des uns et des autres, ainsi que des conflits d'idées sur des questions spécifiques de cette démocratie, telles que la *philosophie politique, la philosophie sociale et la philosophie économique.* Tout ce qui précède donne sa vraie pertinence à la Révolution du Bon Sens. En effet, elle se donne pour but de revigorer le credo démocratique et ses paramètres, et d'inciter à des attaques contre toute leur violation, de façon à ce que le peuple congolais sorte de toute crise d'intolérance, et qu'il demeure toujours attaché aux perspectives de tolérance.

---

[1] Tout en assurant à l'Etat une présence maximale de façon qu'il soit proche du peuple, visible ; il ne faut pas lui permettre de marcher sur les droits des Citoyens.

Eloge de l'imitation

Ensemble, nous sommes une société jalouse d'autres sociétés. On pense que notre pays est pauvre parce qu'on nous exploite. On les accuse d'impérialisme tout en leur réclamant l'aide, l'assistance et la compassion. Ainsi, nos hommes d'Etat deviennent des spécialistes de la mendicité internationale, ignorant que la compassion abolit la coopération, et l'aide avilit le quémandeur pour anoblir le donneur.

Lorsqu'on se retrouve entre nous, la jalousie est la règle. Celui qui n'a rien se laisse convaincre que tout ce que l'autre possède lui est extorqué. Le pauvre n'entrevoit sa réussite que dans la chute du riche, qu'il soit cousin, frère ou voisin. Ainsi, de l'avis général, la réussite n'est que miracle ou fétichiste. Jamais le fruit de l'effort, de l'investissement ou du travail. Ce qui est valable pour les individus l'est tout autant du pays : comme les oisifs attendent, très confiants, que le bonheur s'invite chez eux, la société congolaise rêve de développement par l'aide internationale.

Reconnaissons-le : le fossé qui nous sépare des pays développés est un abîme de siècles. Il n'existe pas vraiment de raccourci pour rattraper ce retard. Mais une accélération sur le chemin est possible. Cette accélération ne peut être qu'un fait mental. Il est temps que nous devenions des hommes et des femmes curieux, exigeants, scrutateurs, prêts à s'instruire, mais surtout confiants dans notre capacité à tirer parti des expériences des autres. Ainsi, notre chemin de redressement sera pas reçu mais conquis par un esprit congolais résolument novateur.

Nous pouvons donc affirmer qu'il existe deux façons, pour un pays sous-développé, de réagir à son non-développement. Ou il se donne les ressorts de surmonter son ressentiment à l'égard des pays développés, et partant, il les imite en acclimatant leurs comportements à son propre cas. C'est la voie japonaise, suivie depuis la seconde guerre mondiale par les « *les dragons* » de l'Asie du sud-est, puis la Chine après 1978. C'est le *mimétisme responsable*, où l'imitation se veut créatrice, où la fierté légitime des traditions nationales n'occulte pas la prise de conscience de l'écart à combler, où la capacité de reproduire ce que l'on a perçu sur autrui permet d'accéder à des comportements nouveaux puis de les intégrer, de les maîtriser et de les dépasser. L'imitation responsable ne peut donc se réduire à une servile activité de copie ou d'espionnage. Bien au contraire, l'imitation joue un rôle fondamental dans l'éducation à l'autodétermination. Il ne s'agit pas de reproduire un résultat ou de mimer un schéma, mais d'adopter des structures de nature à permettre d'arriver à une performance égale, voire supérieure à celle du pays ou du peuple imité. C'est en faisant comme les puissants que les nations sous-développées peuvent se passer d'eux. La dimension de l'innovation est étroitement et indissolublement liée à celle de l'imitation.

Deuxième façon : le pays s'enfonce dans son ressentiment, dans la jalousie, et attribue son sous-développement non à soi-même, mais à la rapacité des pays développés, à leur *impérialisme*. Et sachant bien qu'il ne pourra jamais les rattraper dans les performances de la modernisation, il dénonce ces pays et leur modernité comme diabolique comme *vampiristes*. C'est la révulsion, la jalousie. Le Congo et bien d'autres pays d'Afrique s'enfoncent dans cette schizophrénie. Aucune fatalité ne nous y oblige. On retrouve, par ailleurs, la prépondérance du facteur mental, qui est incontestablement l'acteur concret du développement. Selon qu'il est, en chaque individu, en chaque peuple, activé ou inhibé, le facteur mental déclenche ou verrouille le développement éducatif, commercial, financier, industriel, social, politique. Là où le facteur mental est activé, *l'éthos de confiance compétitive* s'installe, car l'histoire du développement se déroule souvent sous la figure d'une divergence éthologique. Divergence, quand l'instruction est suspectée ici, et encouragée là. Divergence, quand la compétence est ici synonyme de subversion, alors qu'elle est recherchée et promue ailleurs. Divergence, quand règne le fatalisme géographique d'un côté, et quand, de l'autre, l'innovation, la mobilité sociale, intellectuelle et géographique, surmontent et même retournent les données de la nature. Divergence, quand chez nous, en même temps qu'il y a perte de l'estime de soi, on se méfie de l'autre, son prochain n'est guère digne de valeur ni de considération, alors qu'ailleurs, les miracles du développement reposent sur la confiance faite à l'homme. Divergence, quand les incompétents, les inconséquents et les imposteurs se cramponnent aux postes de grandes responsabilités d'Etat, alors qu'ailleurs l'intelligentsia nationale veut dire duel des idées, confrontation des projets, guerre des intelligences entre communautés de pensée et de convictions. Divergence enfin, quand, d'un côté, la méfiance envers la nouveauté paralyse l'innovation, et que, de l'autre, la confiance dans la compétition d'initiatives responsables permet à l'homme de prendre des risques, c'est-à-dire de faire comme il se doit son métier d'homme.

Sans rancune, sans jalousie, mais résolument et méthodiquement : imitons les miracles américain, français, japonais, allemand, anglais, scandinave, chinois, brésilien, indien… Il ne sera nullement question de simple répétition de ces divers parcours de développement. Cette imitation sera immanquablement une réinvention, une refondation, autrement dit une remobilisation de la seule ressource capable de transformer un désert en Eden. C'est-à-dire : la confiance des membres d'une société les uns dans les autres et de tous dans leur avenir commun.

Le développement de l'Occident et la prospérité des « *dragons* » d'Asie du sud-est ne constituent pas une grâce particulière, encore moins un privilège octroyé par un décret divin. Le miracle fondé sur l'ethos de confiance n'exclut aucun groupe humain. Pas plus que le développement n'est naturel, le sous-développement n'est fatal. Il est temps de s'en convaincre. S'avouer vaincu d'avance, c'est refuser consciemment le développement.

Depuis le paléolithique, l'être humain n'est homme que dans la société. Nous sommes au troisième millénaire, on a toujours du mal à faire société. Le patriotisme, la citoyenneté, la fraternité ethnique ou tribale, demeurent des incantations vides de liens inextricables de solidarité et d'indéfectible amour fraternel. On s'accepte difficilement comme membres solidaires d'un destin collectif. L'ingratitude généralisée tue l'esprit d'entraide, met à rude épreuve toute dynamique de groupe et rend aléatoire la cohésion sociale. Les bienfaits sont généralement méconnus. On ne reconnaît guère le mérite de l'autre. On n'accepte ni compétition ni concurrence : celui qui est riche cherche à demeurer le seul fortuné de la communauté ; le chef ne tolère aucune adversité, combat toute possibilité et s'évertue à demeurer omnipotent solitaire dans le groupe et dans la société. La place et le rôle de l'histoire et du passé sont négligés, et à n'importe quel niveau de responsabilité, le successeur efface tout de son prédécesseur et recommence à zéro. Ainsi, l'histoire du pays reste un éternel recommencement, une destinée sans mémoire, une société sans succession, sans relais et sans innovation. Le grand défi socio-culturel de la Révolution du Bon Sens est donc la promotion de la culture du groupe. C'est-à-dire comment faire en sorte que notre pays connaisse des institutions, des organisations et autres structures d'actions stables et durables ?

La mise en place de cette culture s'enclenchera avec l'instauration d'une journée nationale de l'engagement citoyen, *JNEC*. Chacun de nous, en famille, à l'école, à l'usine, au bureau… doit poser un acte d'amour à la patrie exprimant le désir collectif de faire sortir le pays du sous-développement, en participant aux travaux de propreté des rues, de désherbage, de curage des caniveaux. Des conférences et symposiums seront organisés pour dresser l'état d'avancement du développement et ouvrir des débats sur l'avenir. Cette journée de l'état de la nation, du bilan de tout ce que le pays déploie comme effort de développement et de la prospective pour un futur de mieux-être collectif sera instaurée en souvenir du martyr de Kimpa Vita, Ndona Béatrice, brûlée vive le 1er juillet 1706, pour avoir prédit l'imminence de l'âge d'or du Congo, pour avoir affirmé que le Congo était une terre bénie et les Congolais, un peuple élu.

Tout au long de la journée, engageant un dialogue franc et sans tabous, le pays va débattre, réfléchir, témoigner, dénoncer, critiquer et bien sûr proposer pour que cette journée nous permette, ensemble, de faire un bond décisif en avant. Cette journée sera là pour que nous affirmions ensemble notre détermination, notre choix et notre volonté de donner à la citoyenneté un sens concret, à notre dévouement pour la patrie une réalité effective. Et cette citoyenneté et ce dévouement ne deviennent porteurs que s'ils sont partagés et assumés par l'ensemble de la collectivité.

Les 7 combats

« *Les hommes éveillés n'ont qu'un monde, mais les hommes endormis ont chacun leur monde* », a dit Héraclite. Cette sagesse renvoie au dicton bien connu : « *l'union fait la force* ». Il est donc plus qu'impérieux et urgent que les Congolais se montrent capables de relever le défi du grand effort commun et des forces nationales coalisées, pour mener, au pas de charge, les sept combats de la renaissance nationale. Edouard Herriot, Président du Conseil français après la première guerre mondiale, nous aurait dit : « *les nations ont le sort qu'elles se font. Rien d'heureux ne leur vient du hasard. Ceux qui les servent sont ceux qui développent leur force profonde* ». Instamment donc, nous devons engager un processus de ré-humanisation de la nation congolaise, par l'émancipation de l'individu congolais, la rénovation des rapports du citoyen avec lui-même, avec les autres, avec la société et le monde, qu'il développe une intelligence nouvelle, une mentalité nouvelle, un nouveau mode de vie, une raison supérieure, transcendante... Qu'il soit prêt à se convaincre qu'il a droit à tous les biens et à tous les dons de Dieu, par la connaissance de la nature divine de son humanité, qu'il peut discerner les lois de celui qui l'a engendré, s'en servir, avec la conviction qu'il contient en lui-même le véritable esprit de Dieu, et qu'il en fasse la démonstration en menant, au pas de charge, les sept combats contre ses sept véritables ennemis.

1. **Le combat contre la faim** si meurtrière, au nom du *Droit à la vie et à l'intégrité physique de la personne*, c'est-à-dire la lutte pour la première liberté de l'homme. Cette faim, bien que considérée par la civilisation rationaliste occidentale comme un besoin animal, représente pour les minorités dirigeantes de l'Occident un coup de pouce à la production, à la distribution et à la consommation de leurs produits alimentaires, ainsi qu'une arme politique[1].

[1] Voir CASTRO Josué, *Géographie de la faim* (cité par AW Eugénie, « La faim : l'assassin des pauvres est parmi nous », dossier présenté dans *Afrique Nouvelle* (Dakar) n°1443 du 23 février – 1er mars 1977, pp. 12-13 et 15 ; GEORGE Susan, *Comment meurt l'autre moitié du monde* (cité par par AW Eugénie, « Le marché de la

Si entre 1980 et 2001, la proportion d'êtres humains vivant en dessous du seuil de pauvreté dans le monde en développement a été réduite de moitié, passant de 40% à 21%, 86% des congolais ne disposent que de 6 dollars par mois, alors que le seuil acceptable est de 31 dollars. Si, toujours entre 1980 et 2001, l'espérance de vie dans les pays en voie de développement a augmenté de vingt ans, au Congo, elle oscille entre 40 et 45 ans. Bien pire : avant l'âge de 5 ans, la malnutrition tue un enfant congolais sur cinq ; 16 millions de Congolais souffrent de malnutrition sévère ; et 35 millions de personnes n'ont pas accès à la ration calorique minimale quotidienne… Cet holocauste silencieux de la faim, il faut le vaincre instamment.

2. **Le combat contre les maladies** (tels le paludisme, la maladie du sommeil, le choléra, la fièvre typhoïde, la tuberculose, la lèpre, le VIH), certaines éradiquées à l'époque coloniale et de retour faute d'une surveillance sanitaire publique, qui tuent en cascade, entraînant la banalisation de la mort, opérant une ponction humaine préjudiciable à la société et y inoculant le venin de la division par la voie des croyances ancestrales (mauvais sorts, car on ne meurt jamais des microbes[1]). Positivement, ce combat consiste à mener une lutte pour le *Droit à la santé, aux soins médicaux, à la sécurité sociale et aux services sociaux.*

On dénombre, à ce jour, 8 millions de Congolais atteints de la coqueluche, de la lèpre, de la tuberculose et de la maladie du sommeil. 500.000 Congolais meurent de paludisme tous les ans, soit l'ensemble de la population d'un pays comme la Guinée Equatoriale ! Des maladies du Moyen Age déciment les Congolais en plein troisième millénaire. Cette honte, il faut y mettre un terme…

---

faim », dossier présenté dans *Afrique Nouvelle* (Dakar) n°1548 du 7 – 13 mars 1980, pp. 16-17).

[1] Une famille et une belle-famille ont été décimées à Mbuji-Mayi pour avoir été obligées de boire l'eau ayant servi à laver le mort, car accusées de sorcières. Tous trépassèrent, atteints de choléra (KOLELA wa Tshibangu Nestor, « Des jeunes kasaïens attirés par le gain facile » dans *Renaître*, Année XIII, n°01, 15 janvier 2004, p. 29).

3. **Le combat contre le chômage**, et donc pour le *Droit au travail*, c'est-à-dire, en amont, contre l'inexistence des investissements et, en aval, contre l'hibernation des forces de production. Car tout cela empêche l'homme, non seulement de jouir d'un droit et de réaliser un devoir en vendant sa force de travail, mais aussi d'exprimer sa personne[1].

L'article 39 de la Constitution atteste que le travail est un droit et un devoir sacrés pour chaque Congolais... Il y avait, en 1958, 1.102.270 salariés sur une population active de 6.000.000 de personnes. Le volume de la main d'œuvre salariée représentait alors 8% de la population totale et 18% de la population active. Aujourd'hui, il n'y a plus qu'environ 450.000 travailleurs salariés pour 60.000.000 d'habitants. La vie humaine étant essentiellement une expérience de travail, nous devons engager le combat de l'emploi comme un refus de la déshumanisation de notre société.

4. **Le combat contre l'insalubrité** se matérialisant dans la non-prévention des catastrophes climatiques (inondations, séismes...), l'absence d'une politique du logement à bon marché, l'absence d'une lutte contre la pollution, donc pour la préservation environnementale, etc. Quand *Kin-la-poubelle* rime désormais avec *Kin-la-belle*, comment espérer établir au Congo le *Droit à un logement décent et convenable* ou encore le *Droit à un environnement sain* ?

Comment admettre qu'en 2006, la saleté soit à l'origine de 88% des maladies à Kinshasa ? Notre capitale produit chaque jour plus de 5.000 m³ d'ordures. Cette avalanche de déchets jamais évacués érige devant chaque habitation, au coin de chaque rue, d'immenses poubelles sauvages, jalonnées de marais purulents, formant de véritables manufactures de microbes. Le jour, elles envoient les mouches empester nos foyers. La nuit tombée, les moustiques prennent la relève, pour torturer nos sommeils, avec la grande complicité du courant électrique, que l'on voit de moins en moins, comme pour signaler la fin de la civilisation moderne au Congo. Comble de paradoxe : le taux d'accès des ménages congolais à

---

[1] Voir JEAN XXIII, *Mater et Magistra. Lettre encyclique sur les récents développements de la Question sociale à la lumière de la Doctrine chrétienne*, Rome, 15 mai 1961, can. n°20.

l'électricité est de moins de 6%. Ce taux est le plus bas en Afrique subsaharienne, où la moyenne est de 24,6%, alors que le potentiel énergétique de notre pays est estimé à 100.000 MW, soit 13% du potentiel hydroélectrique mondial. Est-ce une malédiction ? Est-ce une damnation ? Qu'avons-nous fait au bon dieu pour mériter cela ?

Les Congolais ont droit à un environnement digne d'eux, c'est-à-dire à une maison, à un quartier, à une ville et à une vie qui soient à l'échelle humaine et témoignent de la grandeur de l'humanité qu'ils représentent au cœur de l'Afrique !

5. **Le combat contre le désordre** en vue d'établir le *Droit à la paix,* c'est-à-dire une lutte contre notamment les conflits tribaux qui représentent le *medium aetas* (Moyen Age) de notre société encore enrobée dans une identité des origines sans y être et non encore branchée sur les exigences contemporaines. Quarante-sept ans après l'indépendance, le Congo ressemble à un arbuste qui n'a ni âge, ni beauté, car ayant poussé dans tous les sens. Ne faut-il pas lui donner une certaine stabilité fondée sur la fin de la province *géopolitique tribale,* c'est-à-dire conçue comme un protectorat ou espace tribal à partir duquel bâtir un certain fédéralisme, au profit de la province pôle économique ?

Combien de temps encore pour bâtir une société de droits et de devoirs, où les règlements sont respectés et les engagements politiques assumés avec volontarisme, compétence et intégrité ? La société congolaise est en état de suicide anomique : elle fonctionne sans normes, sans lois et sans règles. Le lien social est en état de déliquescence continuelle. Et si la liberté veut dire *laisser-faire* et *laisser-aller,* la démocratie se comprend comme un régime où il est prudent de ne *rien interdire,* et la Bonne Gouvernance signifie *ne rien faire* et tout attendre de l'étranger.

6. **Le combat contre la faillite de l'école**, au nom du *Droit à l'éducation et à la formation professionnelle.* En effet, l'école a cessé :

- de former des esprits (formation en profondeur) et fait des élèves des bibliothèques ou des anthologies ambulantes (psittacisme) ;
- de former des caractères, des hommes capables de dévouement aux autres ;

- d'atteindre l'instruction et l'éducation envisagées ;
- de pratiquer la sélection ou orientation accompagnée des passerelles et d'agencer les cursus de façon à ce que chacun des garçons, chacune des filles puisse se réaliser sur le plan humain et professionnel ;
- d'ancrer chacun dans la relativité de son bagage scientifique et expérimental, et d'offrir à tous les formés une culture commune qui leur permet de converser, de collaborer honnêtement et en tout humanisme, sans aucun complexe de supériorité ou d'infériorité ;
- de former des hommes qui, tout en étant des citoyens du monde (civilisation universelle, mondialisation) plus que des citoyens du pays où ils vivent, sont ancrés dans la diversité, s'interdisant de se faire Européens ou Asiatiques[1].

Tout cela entraîne la déconfiture du savoir et de la connaissance (taux d'analphabétisme entre 33 et 60%)[2], donc une sous-qualification de la main-d'œuvre. L'Ecole, ce lieu de transmission des savoirs et des valeurs, perd son attrait, son sens et son importance et ne devient qu'un simple commerce des actions éducatives. Les enfants en sortent sans formation et sans éducation... Sans compter que plus de 35% des enfants congolais âgés de 15 ans restent en dehors du système éducatif et sont sans aucune instruction. S'y ajoute l'analphabétisme : il est de l'ordre de 35% en milieux urbains et de plus de 65% dans l'arrière-pays. Ce n'est pas normal ! Demain, l'Etat n'aura de sens que si l'école devient la première priorité budgétaire du gouvernement de la République.

7. **Le combat contre la mort des vertus**, mené au nom du *Droit du groupe au développement*, car la pauvreté culturelle, matérielle, financière et intellectuelle ne dispose pas les Congolais à accomplir constamment des actes moraux et à porter leurs qualités à un haut degré. Ainsi les jeunes sont attirés par le gain facile, tuant en eux la volonté de travailler, au profit des vices que sont le trafic, la

---

[1] Voir KIANGU Sindani, *Préparer un peuple parfait. Mgr Joseph Guffens*, Editions Saint Paul Afrique, Kinshasa, 1992, pp. 66-67.

[2] 90% des filles du Kasaï Oriental sont illettrées (cfr. KOLELA wa Tshibangu Nestor, *art. cit*).

contrebande et la débrouillardise. L'investissement qui est le socle de la société développée moderne nous devient impossible.

Ne fuyons pas ce verdict de la honte : l'humanité nous quitte, le Congo cesse d'être une société des sentiments et des réflexes humains. Nous acceptons de cohabiter avec la saleté la plus répugnante... Nous devenons insensibles aux souffrances et aux douleurs de ceux qui nous entourent. Comment comprendre que l'exaltation des anti-valeurs devienne égayante ! Du matin au soir, du lundi au dimanche, à la télévision et partout, l'alcoolisme, l'obscénité, l'amoralité et tous les avilissements se vantent et se déploient sans limites, en toute impunité, partout et tout le temps. La drogue, en veux-tu, en voilà... La bière, en veux-tu, en voilà... L'impudicité, à volonté : à la télé, devant les écoles, devant les églises, par la musique, par le théâtre, par la danse, par les jeux, aux stades de football... Impossible pour les jeunes d'échapper au culte de l'abrutissement. Ce spectacle d'une nation qui va à vau l'eau conduit beaucoup d'entre nous à s'interroger anxieusement sur l'avenir ! On se demande : est-ce que nous, Congolais, pouvons faire sortir le Congo de la crise, par notre intelligence et notre travail ? D'autres vont jusqu'à se demander si les Congolais peuvent encore gouverner le Congo ! Un nouvel ordre moral doit s'imposer avec force. La croisade morale par la Révolution du Bon Sens incarne, à cet effet, un idéal de réintégration salutaire de la jeunesse martyre dans un environnement ré-humanisé. Car c'est sur le jeune esprit qu'il faut imprimer les premiers caractères de l'avenir, lui dire d'où il vient, ce qu'il est, ses obligations de patriote, ses devoirs de citoyen, sa responsabilité de bâtisseur opiniâtre de la République.

La contexture de sept combats susdits permet une visualisation neuve d'un autre possible Congo. Il est ici question de représenter une vision assez précise d'un contexte social et culturel nouveau, constituant l'axe autour duquel une société nouvelle peut être construite. L'objectif est de faire entrer dans le champ des futurs possibles un plan de rapide redressement national, proposer de nouvelles fins, correspondant à une nouvelle conception du monde, intégrant de manière concomitante une description plus ou moins analytique d'un nouveau prototype social et des lignes de constructions théoriques les plus rationnelles.

Les 12 engagements

Le peuple congolais, jadis si digne, a fini par perdre toute sa fierté. Torturé par la misère, persuadé qu'il n'est venu au monde que pour souffrir, il ne voit plus que les choses et leur valeur marchande. Il devient asocial et verse dans le filet maléfique de l'inconduite, du vice et de l'avarice. Ainsi le Congo devient une nation sans âme, un pays des choses à prendre, où tout se trafique, à tout prix, par n'importe qui et n'importe comment.

Malgré le pullulement des églises et la surabondance des hommes en uniformes, le Congo devient une véritable jungle : la drogue en veux-tu, en voilà ; l'alcool est omniprésent et plus qu'omnipotent, à la télé, devant les écoles, devant les églises, par la musique, par la danse, par les jeux, dans les stades de football... Impossible de contourner le piège de l'ivrognerie et de la dépravation ! Pas un seul coin de rue sans débit de boisson. En sachet de 50 francs, l'alcool fort est disponible pour les enfants et les gagne-petit. 24 heures sur 24, *Kin la bière* se saoule à qui mieux mieux, la musique hurle sans relâche et étourdit à plein régime. Les enfants n'ont plus d'enfance, et aucune vie n'atteint la vieillesse. Les Congolais sont commerçants à 5 ans, prostitués à 10 ans, trafiquants à 15 ans, parents à 20 ans, débrouillards patentés à 30 ans, à 40 ans, ils meurent et laissent des orphelins ! De fil en aiguille, le Congo devient une société infantile, qui, chaque jour davantage, intériorise le principe d'infériorité de son humanité, en subissant le sous-développement comme une fatalité, en vivant le sort national comme une damnation dont la survie n'est possible que par l'aide de la fameuse communauté internationale.

Comment exorciser cette impression de déshumanisation qui donne à croire que le Congo est une société d'incapables, une nation de paresseux, un pays d'irresponsables, une République d'insouciants, une communauté de mendiants qui, livrés à eux-mêmes, sans *l'aide internationale*, s'entretuent, pillent leur propre pays, violent leurs propres compatriotes et détruisent leur propre avenir ?

Hier, on a joué avec le mot indépendance. Bilan : un chaos social sans précédent, une débâcle économique totale et un incessant développement du sous-développement. Aujourd'hui et d'ores et déjà, on joue avec le mot démocratie. Il n'y a qu'à faire les élections, n'importe comment : sans débat, sans duel d'idées et même sans recensement. Les prétendus grands partis politiques qui dirigent la Transition n'ont qu'un projet : déifier, magnifier, louer et applaudir celui qui distribue des postes, des privilèges et des honneurs d'Etat. Ils n'ont qu'un seul souci : eux-mêmes. Un seul objectif : la pérennité de leur pouvoir, qui est inutile à la nation mais très lucratif pour eux. Ils considèrent l'Etat comme une mangeoire : on n'y va, on ne s'y installe, que pour se servir.

Ce peuple qui a soif de sens, de vertus et de mieux-être, mais qui souffre et s'exténue dans la débrouillardise, pour l'élite au pouvoir, c'est une citoyenneté achetable à peu de frais, parce qu'il ne représente qu'un corps nu à couvrir du tee-shirt et du wax à l'effigie du *bienfaiteur et magnanime leader*. Notre peuple est donc ravalé au rang d'un réceptacle sans cerceau, qui n'a point besoin d'idées mais seulement de dons. Il n'est qu'une simple soif de bière à apaiser, et un estomac vide dont le seul espoir de se nourrir réside dans la générosité des dirigeants. Ainsi, on prépare la nation à la démocratie en tenant le souverain primaire comme un méprisable nécessiteux, qui ne peut réfléchir, qui ne sait que tendre la main, en chantant, en dansant, en applaudissant.

Au centre de mille affections qui accablent aujourd'hui le Congo se trouvent les divers symptômes d'un mal unique et dévastateur qu'il faut coûte que coûte extirper. Ce mal, c'est le mépris de soi : les Congolais ne se font guère confiance ; le Congolais n'a que du mépris pour l'autre Congolais ; le Congolais n'accorde aucune valeur à l'autre Congolais ; et nous donnons l'impression de ne plus avoir de raison d'être Congolais, d'aimer le Congo et même de vivre au Congo.

Comment ne pas admettre que la mauvaise qualité de notre comportement et de notre pensée explique la décadence nationale ? Nous n'avons pas su livrer les combats nécessaires : savoir évaluer nos besoins, estimer nos moyens, valoriser nos atouts, neutraliser nos handicaps, mobiliser les forces profondes de la nation outre l'esprit de responsabilité, retrouver confiance en nous, re-convoquer notre génie, notre énergie et notre créativité, concevoir et agir par nous-mêmes, être efficaces et susciter estime, corriger l'environnement de risques pour les entreprises, repérer les lieux réels de décision, en saisissant le monde dans ses changements, ses enjeux et ses alliances, œuvrer pour que nos rapports de dépendance deviennent des relations d'interdépendance dans ce monde de plus en plus interconnecté, préparer les générations émergentes à l'impitoyable compétition ouverte qui les attend.

Livrer ces combats est un défi qui ne peut être relevé que si les limbes de nos conduites sont marqués par une vision commune de la société congolaise idéale. Cette vision éclate ici en engagements pour devenir les quatre points cardinaux de nos mœurs. Ce sont eux qui rendront possible la guerre totale contre la paresse, l'esprit haineux, la médisance, les ragots, le charlatanisme, l'intrigue, l'injure, la psychose du soupçon, de la délation et le règne de la saleté publique. Les 12 engagements !

1. *Chacun de nous est un morceau de la Patrie ; la servir, c'est travailler pour soi-même. Cette patrie, c'est un peuple un et indivisible et une terre sacrée du Congo tout aussi une et indivisible.*

2. *Tout Congolais est pour chacun un autre soi-même. Nous nous devons mutuellement confiance, aide et secours.*

3. *Chacun doit s'engager à donner son expérience, ses connaissances, sa disponibilité au Congo et à tout Congolais qui en a besoin et faire rayonner le culte de l'entraide mutuelle dans son entourage.*

4. *Le travail doit devenir pour chacun un devoir, une responsabilité et un droit.*

5. *La ponctualité, le respect de la parole et l'esprit de tolérance doivent se vivre comme les clés de la réussite.*

6. *Chacun doit respecter la pensée d'autrui, la libre expression de l'autre, et son bien privé. Nous devons tous préserver tout ce que le sol et le sous-sol de notre pays nous offre avec générosité.*

7. *Le citoyen doit jurer de mettre loin de lui la médisance, les ragots, le fétichisme et demeurer sportif, homme de culture et de bonnes mœurs.*

8. *Chacun doit se montrer prêt à tous les sacrifices pour l'unité et la préservation de la souveraineté du Congo.*

9. *Nous devons tous combattre toute injustice, toute violence, toute discrimination et nous réjouir du règne de la justice et de l'état de droit.*

10. Chacun doit se convaincre que la corruption le détruira et la droiture le grandira, que le tribalisme l'abaissera et la fraternité l'élèvera, que la paresse le déshumanisera et l'effort l'honorera.

11. La haine doit quitter les consciences pour que chacun puisse construire sa vie sans nuire à son prochain.

12. Que chacun affronte la vie et brave tout obstacle avec Dieu, la patrie, la famille, le travail, le mérite, la compétence, le courage et la persévérance.

Le Congo nous réclame ces grands et puissants engagements. Il est temps que chacun de nous porte le drame national comme un malheur personnel, et que dorénavant, nous fassions tous preuve d'une grandeur d'âme digne du grand Congo et de ses grands problèmes.

C'est l'heure du véritable *aggiornamento* de la société, pour que le Congo quitte *l'Ere de la mouche, du moustique et de « l'heureux le peuple qui chante et qui danse »* - une époque synonyme de saleté, d'insouciance, d'ignorance, de désordre, de destruction et de barbarie- , pour entrer dans un nouvel âge. Nous ne devons donc plus jamais tolérer l'irresponsabilité et l'incompétence au sommet de l'Etat... Le Congo ne doit plus être gouverné n'importe comment, par des gens qui déshonorent le pays, en acceptant toutes les compromissions, toutes les corruptions, toutes les concussions, tous les immobilismes, tous les abaissements. L'affirmation de ces valeurs relève de la rationalité et non des bons sentiments. Nous avons atteint un tel niveau de dévergondage collectif que toute réelle amélioration de la vie humaine n'est possible que par le préalable de la nécessité des valeurs morales, qui structurent en amont les orientations pratiques.

S'inscrire dans la régénération

Qui sommes-nous ? D'où venons-nous ? Où allons-nous ? Pourquoi vivons-nous ? Que voulons-nous pour notre pays ? Les congolais, las de tout, veulent que tout change, mais ils ne savent pas comment ! Ce qui nous est arrivé hier, nous arrive aujourd'hui et nous arrivera demain. Nous répétons toujours les mêmes erreurs. Nous revivons toujours les mêmes malheurs. Nous réclamons toujours les mêmes choses. Nous nous plaignons toujours des mêmes choses… Nous vivons jour après jour une vie mécanique, routinière, absurde. Nous rééditons les mêmes actes. Nos habitudes ne changent pas et restent les mêmes. Jamais nous n'avons voulu les modifier, les transformer : elles sont le rail mécanique sur lequel circule le train de notre piteuse existence. D'instant en instant, seconde après seconde, nous vivons en souffrant de ce que nos anciens colonisateurs nous doivent, de ce qu'ils nous ont fait, des amertumes qu'ils nous ont causées pendant la colonisation, lors de la traite des esclaves, toujours la même chanson : nous attendons d'eux l'aide pour survivre, l'assistance pour exister…

Comment sortir de cette vaine humanité, de cette vie languissante, de cette existence pleurnicheuse, qui trucident nos virtualités créatrices, sachant que, de plus en plus, les Congolais commencent à oublier leur humanité intrinsèque pour s'identifier aux malheurs qui ne les quittent plus, au point de se croire venus au monde pour une vie végétative.

Cette déshumanisation continuera tant que nous porterons au-dedans de nous-mêmes, dans notre intérieur, les défauts de la société infantile, que sont ces anti-valeurs : la paresse, la convoitise, le fétichisme, le tribalisme, le fanatisme idolâtre, le charlatanisme politique, le persiflage niais, etc. L'extérieur que nous déplorons est le reflet de l'intérieur que nous portons. Le sous-développement de notre société est le sous-développement de nos esprits. C'est le résultat du sommeil excessif de nos consciences. Les misères, les épidémies antédiluviennes, les guerres stupides, l'analphabétisme, la pauvreté, l'insalubrité, le crétinisme, le sous-développement, etc. Tous ces drames forment le miroir dans lequel nous devons nous regarder. Ces crises, c'est la crise de l'individu congolais que nous sommes. Vaincre ces crises est impossible si l'individu, si chaque Congolais ne se transforme pas, ne se régénère pas. Personne ne peut nier qu'à l'intérieur de chacun de nous, règnent des états psychologiques aussi malséants que malveillants. Si nous voulons changer le Congo, nous devons de toute urgence et sans délai modifier radicalement ces états malveillants et malséants de la conscience. Lorsqu'on change intérieurement, et qu'un tel changement est radical, l'extérieur, les circonstances, la vie, la société, changent aussi. Quand les citoyens travaillent sur eux-mêmes et changent intérieurement, ils donnent naissance à un nouvel ordre des choses. Cette transformation, cette régénération, c'est un âge nouveau illuminé par la raison, la science, la piété citoyenne et l'autodétermination qui est la clé de la création perpétuelle de possibilités. Cette régénération, ce nouvel âge, c'est la réévaluation de notre nature humaine. C'est le questionnement du sens de nos attitudes. C'est le passage méthodique de nos manières d'être à un échelon supérieur d'expression et de manifestation. C'est la Révolution du Bon Sens. Tel est aujourd'hui l'appel de l'histoire !

Refuser l'impérieuse nécessité de cette régénération signifie une évasion de plus, une fuite face à soi-même, une forme d'auto-tromperie qui enferme notre humanité dans l'infantilisme. L'observation sévère de nous-mêmes sans échappatoire d'aucune sorte, ce travail d'inventaire psychologique de notre nature intérieure, c'est le gage d'une alternative crédible garantissant la construction volontariste du pays. C'est pour faire face à cette situation qu'une doctrine de transformation radicale des mentalités et un plan de redressement économique et financier de la société congolaise ont été présentés à l'opinion le 30 juin 2004, à l'occasion de ma déclaration de candidature à l'élection présidentielle.

Depuis lors, des travaux et des études continuent, au vu de l'incessant appauvrissement des Congolais et de la banqueroute sans cesse aggravée du Congo. Ces travaux et études font aujourd'hui l'objet d'un important effort visant à préciser davantage et à compléter nos propositions. C'est la synthèse de cette réflexion permanente qui vous est ici présentée en ouvrage.

Au premier abord, le programme invite les Congolais à changer pour que le Congo change, comme la terre a besoin d'être labourée pour être fertile. C'est toute la raison d'être de notre doctrine, la Révolution du Bon Sens. Comme une boîte à outils de la nouvelle citoyenneté congolaise, cette doctrine, qui se décline comme un programme d'écologie morale, cherche à ce que dorénavant, en tous lieux, à tout moment et en toutes circonstances, nos comportements, nos pensées et tous nos faits et gestes épousent les exigences de la raison et du bon sens. Il est ici question que le Congo devienne le pays des passionnés de vertus, de l'ordre pointilleux et de l'organisation minutieuse, et que les Congolais deviennent des maniaques de la propreté, de la ponctualité, du respect de la parole donnée et de l'entraide mutuelle. Nous voulons réussir une révolution constructive qui fera que le Congo devienne la nation des gigantesques constructions, la communauté des obsédés de la science, la société de la créativité et de l'innovation, le pays des fanatiques de labeurs opiniâtres.

Forts de ce faisceau d'exigences morales, nos aptitudes ingénieuses longtemps ignorées, notre sagacité au travail toujours inhibée et nos facultés exubérantes d'imagination créatrice développeront une nouvelle ardeur à articuler des ambitions entreprenantes pour soi, pour l'intérêt commun et pour la gloire de l'humanité que nous représentons au cœur de l'Afrique. C'est à l'aune de cette régénération que chaque Congolais retrouvera le sentiment de sa propre valeur et prendra conscience qu'en étant copropriétaire du Congo, il est dans l'obligation de servir et de protéger la République comme son bien le plus précieux.

Cette régénération, c'est *un nouveau Congo* où seules la conscience professionnelle et la valeur individuelle justifieront les salaires, les avoirs, les richesses et les fortunes. *Un nouveau Congo* où le mérite va remplacer la chance comme l'effort remplacera le hasard, et où tout sera fait pour rendre impossible l'enrichissement par la spéculation, la corruption ou la fraude. *Un nouveau Congo* où des gigantesques constructions pousseront comme des champignons pour honorer la grandeur de l'âme congolaise. *Un nouveau Congo* où de nombreux hôpitaux, jusqu'aux villages les plus reculés, seront pourvus de médecins bien formés et bien payés, disposant d'un matériel de travail approprié et performant, pour une prise en charge correcte des malades. *Un nouveau Congo* où l'on ira à l'école pour acquérir le savoir nécessaire en vue d'être valablement les piliers de demain. *Un nouveau Congo* où les familles auront le droit de vivre et d'élever leurs enfants dans la dignité, à l'abri de la faim et de la misère, sans crainte d'être victimes de violence ni d'être privées de liberté. *Un nouveau Congo* où les routes sans trous, les rails viables, les ports sûrs et les aéroports modernes foisonneront pour permettre la libre et confortable circulation des Congolais et de leurs biens. *Un nouveau Congo* où les rues et tous nos lieux de vie seront propres. *Un nouveau Congo* où nos eaux abondantes seront transformées en autoroutes fluviales, inondées de bateaux, les uns faisant la pêche industrielle, les autres assurant le transport des Congolais et de leurs biens. *Un nouveau Congo* où tout étranger sera accueilli à la fois comme un nouveau citoyen et une nouvelle chance de développement. *Un nouveau Congo* où il n'y aura plus de haine entre communautés. *Un nouveau Congo* où ceux qui investiront récolteront sans tracasseries le fruit de leur besogne. *Un nouveau Congo* où l'ordre et la liberté règneront dans la cité et la confiance réciproque entre Congolais. *Un nouveau Congo* enfin, où naîtra et se consolidera une nouvelle race d'hommes d'Etat, dont le dévouement à la cause de la nation tiendra lieu d'honneur personnel et la victoire sur le sous-développement de gloire particulière.

Comment extraire tous ces engagements du registre des simples incantations et du sort des vœux pieux ? J'ai pensé à la mise sur pied d'une instance supérieure qui soit le lieu de la piété congolaise, qui soit la devanture du bon exemple de l'érudition au Congo, de la rectitude morale des élites, mais aussi l'endroit de la conservation scientifique de notre culture et de la construction permanente de la modernité du Congo. Cette instance s'appellera : Société Suprême du Congo.

La Société Suprême du Congo

La citoyenneté, sécrétion cardinale du pacte social, se prolonge d'une communion autour des mêmes valeurs, autour du principe de partage du savoir, et d'une acception identique à payer le prix du sang pour assurer la défense de la Nation-Patrie. Tous ces principes, toutes ces idées, ne peuvent éclore et accéder à une pleine efficacité que lorsqu'il y a, dans la société, constitution d'un espace public de délibération, au sein duquel s'échangent des intersubjectivités raisonnées. Cet espace public, véritable forum de la société civile, devra être le lieu au sein duquel, au terme d'une délibération claustrale, se définiront fondamentalement l'intérêt général et le bien commun, et sortiront des savoirs nécessaires à la formation des hommes et des citoyens. La Société Suprême du Congo va relever ce défi, en ayant comme mission de donner à l'unité du Congo forgée par la politique et voulue par le peuple, une culture, une manière d'être et un style qui la symbolisent et la cimentent. Cette haute institution sera le lieu de rencontre des érudits de la République, les savants du Congo et le panthéon de toutes les ambitions de la science et du talent au Congo. Les membres constitueront le corps représentatif de la République des vertus et la plus magnifique récompense des grands efforts et des grands parcours intellectuels. L'institution aura trois sièges savants. Il s'agit du siège des sciences morales et politiques, du siège de littérature et des beaux-arts et du siège des sciences et des techniques.

Si le Siège des sciences et des techniques et celui de littérature et des beaux-arts seront chargés de recueillir les découvertes et d'entretenir une chaire d'évaluation des acquis scientifiques et technologiques, dans les domaines des arts, du comportement sociétal, etc. Le siège des sciences morales et politiques aura la lourde mission de collecte, de codification, de conservation et de diffusion des savoirs anciens, en faisant la démonstration que la culture ou son avènement ne peut se bâtir contre les traditions ancestrales, ni à côté d'elles, et que chaque tribu du Congo devra pouvoir être coparticipante à l'élaboration de la nouvelle civilisation républicaine, en faisant en sorte que la conscience tribale puisse peu à peu intégrer, comme une de ses dimensions constitutives, les valeurs de la communauté nationale, dont l'existence effective et féconde n'est possible que si s'effacent la nation-ethnie et la nation-tribu au profit de la nation citoyenne. Ainsi, l'esprit national qui naîtra des travaux de la Société Suprême du Congo sera le creuset symbolique dans lequel devra s'opérer la fusion intelligente de la mémoire du passé, de la conscience du présent et de la foi en un avenir du regroupement enthousiaste du peuple autour des vastes projets collectifs garantissant l'accès de tous au bonheur.

Laboratoire de la mise en perspective de la société technicienne vers où nous devons aller, le Siège des sciences morales et politiques fera une immersion épistémologique dans nos traditions, dans toutes les réalités préexistantes de la vie nationale, et à partir d'elles, construira de nouvelles formes de vie, qui permettront à ces réalités antérieures de se reproduire sur des bases nouvelles, dorénavant pourvues de facultés intégratives et évolutives. C'est cette reproduction qui rendra possible un système d'unification verticale capable d'englober tous les éléments du corps social dans un certain ordre, accepté par tous, qui aura vocation à uniformiser les comportements et les valeurs. C'est ce qu'on appelle développement : les pratiques anciennes ne se désintègrent pas mais se frottent aux réalités nouvelles, s'ouvrent à la science, au respect des droits de l'homme selon les prescrits universellement admis, à la technologie et aux techniques de production économique qui garantissent sa pérennité dans un mouvement évolutif maîtrisé.

Laboratoire des valeurs, juge des comportements, gardienne de la mémoire, promontoire de l'avenir, lieu de la maîtrise du destin national par la connaissance, ermitage des sorciers modernes de la République et repli claustral des chefs coutumiers congolais du troisième millénaire, telle sera la Société Suprême par essence et en droit.

Aujourd'hui encore, l'insaisissabilité du concept de progrès bloque la société congolaise dans le mal développement. On en est toujours à ne point se rendre compte que le progrès est une marche en avant qui repose sur des acquis, qui suppose à la fois une temporalité transgénérationnelle et l'existence de modes de conservation des acquisitions ainsi que des institutions stables permettant de les transmettre aux générations nouvelles. Il est donc clair qu'il ne peut y avoir progrès sans conservation de ce qui est acquis. La Société Suprême du Congo sera la lamaserie de la nouvelle conscience congolaise du passé et du progrès. Il sera question de promouvoir les sciences, d'en faire reconnaître l'impérieuse nécessité, en en montrant les applications socialement utiles. Mwabila Malela s'en explique : « *Patrimoine de l'humanité et outil incontournable pour le développement,* affirme-t-il, « *la science se présente comme l'enjeu majeur du nouveau millénaire. Pour tous les pays de la planète terre, sa maîtrise est non seulement une nécessité vitale, mais un impératif politique, économique et culturel, un moyen de participer, par un langage universel, au progrès de l'humanité. C'est ainsi qu'il faut en saisir la logique et l'intérioriser culturellement* ».

Partant du principe que tout savoir ne devient utile à la vie que lorsqu'il est valorisé, la Société Suprême du Congo sera une invitation au repli ascétique de ceux qui aiment et connaissent nos traditions, ceux qui peuvent les faire parler, les révéler, afin que la nation redécouvre l'essence suprême de l'être humain que nous sommes, dans toutes ses dimensions, et le mobilise dans toute son ampleur, pour le progrès perpétuel. Le but de cette quête intérieure est d'effectuer la métamorphose historique de nos structures de vie, de nos pensées et de notre destin collectif. La Société Suprême aura donc pour mission de rechercher la confrontation structurante intérieure, d'entrer en communion avec notre histoire, en relation avec l'absolu et toutes les sciences, à s'imposer des défis nouveaux et à mettre en perspective scientifique tout ce qui est notre héritage culturel, transmis jusqu'ici par la voie familiale et dans l'oralité, en vue de fournir à la société ce que la tradition contient de culturel, de juridique, d'éthique, de politique, d'esthétique, de religieux, de spirituel…

La société congolaise s'immobilise dans le sous-développement parce que le progrès qui est une marche en avant volontariste et résolue n'y est guère envisagé comme un degré nécessaire vers la perfection comportementale, intellectuelle et morale ; c'est-à-dire vers l'avenir. Le système mimétique et l'exemplarité gouvernant les relations humaines, les désirs et les vocations des hommes naissant toujours de l'imitation des parcours des siens propres, pris pour modèles, les membres de la Société Suprême auront mission d'incarner la perfection, la noblesse morale, la passion de la qualité, du raffinement, de la probité et de l'intégrité. La théorie mimétique, de par sa transversalité, n'est guère saisie dans sa complexité, à savoir qu'elle induit des relations interdisciplinaires, qu'elle pointe ensuite des dynamiques intersubjectives ayant des conséquences à l'échelle sociale, en ce sens que la proximité physique et psychique du modèle subjugue les rêves individuels, conditionnent les itinéraires de vie, orientent les esprits vers une certaine noblesse morale, rend l'homme capable d'adaptation, et lui donne la possibilité d'apprendre tout ce qu'il a besoin de savoir pour participer pleinement à sa propre culture. C'est ainsi qu'il faut comprendre la notion, le rôle et la place du *leader* dans la société. Et comment ne pas en arriver à la conclusion symétrique selon laquelle l'inintelligibilité exponentielle que dénonce les crises incessantes, les misères qui s'accumulent sans cesse, est la résultante de la méprise du rôle du savoir dans la société et de l'absence des *leaders du savoir* loués et présentés à la société comme *modèles de l'intelligence et de la noblesse morale.* Comment accepter, pour ne parler que des vivants, l'anonymat et l'absence de rituel solennel de reconnaissance pour le bon exemple des mémorables et très remarquables parcours intellectuels de nos compatriotes d'ici et d'ailleurs.

Dans la *Poétique,* Aristote affirme que : *l'homme se différencie des autres animaux en ce qu'il est le plus porté à imiter* (48b, 6-7). Comment ne pas en arriver à la thèse que la base cognitive et comportementale de la culture humaine soit en effet contenue dans cette faculté ! Le professeur Mangu Wa Kaniki Gabriel témoigne : *dans son clan, l'homme africain vit par rapport au monde des vivants, d'abord celui de ses géniteurs biologiques et sociaux, ensuite celui de ses aînés et initiateurs et enfin, celui de ses partenaires dans les activités de la vie quotidienne.*[1] Souvenons-nous de ce que Paul dit aux Corinthiens : *je vous en prie donc, montrez-vous mes imitateurs* (1 Co 4,16). Il ne demande pas cela dans un esprit d'orgueil individuel. Il se donne en exemple parce qu'il imite lui-même Jésus qui, à son tour, imite le Père. Il fait

---

[1] Mangu W.K.G., *Instabilité de la famille. Survivance de la tradition en milieu urbain,* Coll. « Etudes », Institut de la Famille et du Couple, Kinshasa 2001, p.13.

simplement partie d'une chaîne infinie de *bonne imitation*, d'imitation qui exalte les vertus. Ainsi, la grande érudition et la manière d'être, de vivre et de se comporter la plus raffinée seront personnifiées par des Congolais et données en exemples à la société. Tout le sens de la mise sur pied de la Société Suprême du Congo est là. Elle s'instituera en boussole éthique de la société. Elle désignera une structure de représentations et de croyances qui se fonde sur la conviction que tous les aspects de la vie nationale transiteront désormais devant le tribunal de la raison, et que la société congolaise obéira dorénavant, dans son processus historique, à une loi qui la portera, sempiternellement, à un but supérieur. Cette loi surgit du processus mélioratif incessant, de la quête sans fin du savoir qui transforme et améliore l'être et de l'autre savoir qui améliore le bien-être.

La Société Suprême du Congo recevra de l'Etat congolais et de la nation tout entière la mission de relever le défi de la civilisation du savoir, de la création et de l'innovation. Par ses travaux, par ses recherches et en publiant ses bulletins suprêmes, elle sera la haute école de notre nature, en constatant les faits historiques, en les relevant, en les collectant, en les observant, en les classant et en cherchant à décrire les connexions causales et fonctionnelles pour découvrir, en conclusion, les réseaux de réflexions, de comportements et de culture sociale en vue de réengager notre société dans une histoire qui doit dorénavant s'écrire comme mémoire du passé , du présent et du futur.

L'institution de la Société Suprême ayant pour objet d'édifier un cadre monacal de pensée, de réflexion et de recherches, avec pour ambition : retrouver nos repères identitaires ; remettre en mouvement une vie nationale à partir de nos propres références ; propager la foi en la science et dans le progrès ; amener la nation congolaise à maîtriser la trilogie de la volonté, du pouvoir et de l'ordonnance, et que cette abréaction permette à la République de produire ses hommes d'élite ; elle s'occupera dans ses séances ordinaires et extraordinaires de tout ce qui peut concourir à tous ces nobles buts.

Cinquième partie :

La Gouvernance Intègre

Gouverner dans l'intégrité

Notre pays se meurt. Nous refusons de prendre la réelle mesure du problème. On multiplie les conférences, les déclarations, les colloques, les séminaires, les accords et les décrets, comme si ces incantations et ces exhortations suffisait pour transformer la réalité. Tout porte à croire que nous ignorons que conjurer une crise si profonde et si totale n'est possible que lorsque l'intelligence devient sagace et clairvoyante, et qu'elle se conjugue avec un courage d'action devenu intraitable, intrépide, pour vaincre la fatalité, en bouleversant les catégories de pensée et de croyance communément admises.

L'Article 15 de notre Constitution note que *la personne humaine est sacrée*. Que fait-on concrètement pour qu'il en soit ainsi ? L'article 39 de la même Constitution consigne le principe selon lequel : « *le travail est un droit et un devoir sacrés pour chaque Congolais. L'Etat garantit le droit au travail, la protection contre le chômage et une rémunération équitable et satisfaisante assurant au travailleur ainsi qu'à sa famille une existence conforme à la dignité humaine, complétée par tous les autres moyens de protection sociale* ».

Il y avait, en 1958, 1.102.270 salariés des secteurs privé et public, sur une population active de 6.000.000 de personnes et une population masculine de 3.121.161 hommes (15-64 ans). Le volume de la main d'œuvre salariée représentait alors 8% de la population totale, 18% de la population active totale, et 35% de la population active masculine. Déjà en 1997, il n'y avait plus que 850.000 travailleurs salariés sur une population totale de 52.000.000 d'habitants. Aujourd'hui, comble d'effondrement, il n'y a plus qu'environ 450.000 travailleurs salariés pour 60.000.000 d'habitants. Il en ressort que plus de 98% de Congolais en âge de travailler chôment et s'exténuent dans la débrouillardise.

L'article 45 va plus loin : « *les pouvoirs publics ont l'obligation de protéger la jeunesse contre toute atteinte à sa santé, à son éducation et à son développement moral* ». L'article 46 renchérit : « *tout Congolais a droit à l'éducation*. L'article 50 se permet l'ordre injonctif : « *l'Etat a l'obligation d'assurer le bien-être sanitaire et la sécurité alimentaire des consommateurs* ».

La réalité demeure tragiquement à l'antipode de ce prêchi-prêcha constitutionnel. Aujourd'hui, un enfant sur cinq meurt avant l'âge de 5 ans et 126 enfants sur 1.000 meurent avant l'âge d'un an. Si entre 1980 et 2001 la proportion d'êtres humains vivant en dessous du seuil de pauvreté dans le monde en développement a été réduite de moitié, passant de 40% à 21%, plus de 80% des ménages congolais dépensent moins d'un dollar par jour et par personne. Bien pire ; plus de 86% des ménages consomment moins de trois repas par jour. Si, toujours entre 1980 et 2001, l'espérance de vie dans les pays en voie de développement a augmenté de vingt ans, et que l'illettrisme des adultes a été réduit de moitié, l'apport calorifique au Congo est estimé à 1.800 calories par jour et par personne, alors que la norme minimale est de 2.300 calories, selon l'Organisation Mondiale de la Santé. 31% des enfants âgés de 6 à 14 ans n'ont jamais fréquenté l'école alors que les moins de 20 ans représentent 59% de la population totale, soit 26 millions d'habitants, et que la moitié de la population congolaise a moins de 16 ans. Le taux d'analphabétisme est de plus ou moins 33% en milieux urbains, et de plus de 60% dans l'arrière-pays.

Les conséquences deviennent manifestes : toutes les forces de production du pays sont en berne. Les Congolais n'ont plus qu'un projet : fuir le Congo.

Quelles leçons tirer ? La première leçon nous rappelle un truisme que l'on s'échine sempiternellement à ignorer et de méconnaître. Dans son esprit, la Constitution est d'abord et avant tout un pacte éthique ! Dans sa lettre, elle est un contrat social qui fixe le rôle de l'Etat, sa raison d'être et sa mission, comme étant une chose et une seule : faire en sorte que le bien-être arrive dans la vie des gens les plus pauvres. En effet, l'Etat n'a de sens dans une nation que s'il se situe à l'intersection des deux idées complémentaires de la puissance publique et du service public. C'est-à-dire, tout à la fois garant de l'ordre public, pourvoyeur de sociabilité et inventeur de l'avenir.

La deuxième leçon professe la lucidité : on ne donne guère des ordres à la réalité ; on la transforme par les idées et les actions. Telle est la mission de l'homme politique, dont le métier consiste à faire advenir le nouveau temps social. Tout esprit équilibré ne peut éluder ce constat d'éclatante évidence : le chômage est notre tragédie. La priorité de l'action politique doit être l'emploi : tout pour l'emploi rien que l'emploi. Il faut donc libérer toutes nos capacités de création d'emplois, de l'atelier à l'usine, de l'entreprise à l'industrie, de l'Etat à l'initiative privée. Ce contexte motivationnel doit pouvoir, de manière concomitante, garantir la promotion générale du capital humain pour le rendre apte à produire et à consommer dans les meilleures conditions possibles.

Comment s'y prendre ? Comment donner du tonus à la productivité et mettre la nation sur le chemin d'un processus soutenu de création de richesses et d'emplois ? Comment s'efforcer d'échapper à la faim, à la misère, aux maladies endémiques, à l'ignorance ? Comment gagner une participation plus large des Congolais aux fruits de la civilisation ? Quelles orientations culturelles et sociales voulons-nous transmettre à nos enfants à l'ère de l'Internet ? Comment obtenir une mise en valeur plus active des qualités humaines des Congolais ? Comment devenir la République des grands travaux ? Comment organiser une société dans laquelle il fasse bon vivre, qui n'exclue personne et dans laquelle les capacités de chacun soient au mieux prises en compte et mises en valeur ? Comment encourager l'initiative, protéger les faibles et encourager les puissants à apporter leur contribution au bien-être général ?

Les réponses à ces questions, nous devons les inscrire dans nos convictions et les faire vivre dans nos programmes d'action. C'est à cette besogne que s'emploie cet ouvrage !

Il faut se hâter ! Innombrables sont les hommes et les femmes torturés par la faim. Innombrables sont les enfants sous-alimentés au point que bon nombre d'entre eux meurent en bas âge, que la croissance physique et le développement mental de beaucoup d'autres en sont compromis. La présente crise doit être affrontée courageusement et les injustices qu'elle comporte combattues et vaincues sans atermoiements. Des réformes urgentes, profondes et novatrices doivent être entreprises sans retard et sans tergiversations. Et c'est à l'Etat de choisir, d'imposer les objectifs à poursuivre, les buts à atteindre, les moyens d'y parvenir et le regroupement des efforts à opérer. L'ampleur du mal à extirper, l'urgence de l'œuvre à accomplir et la doctrine de la *Révolution du Bon Sens* qui commande nos pensées ne nous laissent que le choix de l'économie d'endettement endogène dans l'intégrité. D'où la Gouvernance Intègre ! Par la création monétaire comme impôt unique, par l'inflation créatrice d'emplois et moteur de la croissance, et par les déficits budgétaires industrialisants, la Gouvernance Intègre va diriger toutes les impulsions monétaires vers la sphère réelle des productions.

Premier objectif : mettre en place un Programme National d'Investissements Structurants. Cet objectif catalyseur se situe sur un tout premier pallier d'activités où l'on trouve la nutrition à garantir, la santé à promouvoir et l'éducation à assurer. Ces biens sont les indicateurs du potentiel d'énergie humaine d'un pays, de son degré de mobilisation en vue d'une croissance régulière et soutenue.

Deuxième objectif : réussir le déploiement des Villages Agropastoraux et des Districts Industriels. Outre la santé, la nutrition et l'éducation qui constituent les biens de départ du processus de développement, il importe de s'attacher tout aussi prioritairement à l'aménagement du milieu humain, sans lequel il ne saurait y avoir de cohérence entre les groupes sociaux. Tant les Villages Agropastoraux que les Districts Industriels procèdent d'un aménagement révolutionnaire des cadres qui régissent les activités des hommes, en soutenant le déploiement des réseaux locaux de flux de biens, indispensables au fonctionnement des mécanismes économiques, car il ne saurait y avoir de développement articulé et harmonisé sans l'aménagement du milieu institutionnel. Ce sont les institutions qui sont les opérateurs de développement par les changements qu'elles déterminent sur l'appareil de production et sur les hommes. Ainsi les Villages Agropastoraux et les Districts industriels consisteront à procéder à la coordination de l'activité économique par une approche de cycles de l'action de développement, consistant à mieux préparer les hommes, à bien agencer les ressources, village par village, district par district, en vue de réussir une intégration économique soutenue par une gestion méthodique et rationnelle des potentialités productives du pays.

La jonction du Programme d'investissements structurants avec l'aménagement aussi bien des Districts Industriels que des Villages agropastoraux, donnera naissance aux Pôles Economiques Structurants. Les pôles de départ : les mines, les hydrocarbures, le bois, l'électricité et l'agriculture. Les dispositifs d'appui et d'accompagnement seront :

- un partenariat concessionnel sur fond d'un bail d'exploitation allant de 20 à 25 ans ;
- une exemption décennale (10 ans) d'impôts ;
- la franchise de douane sur les importations ;
- la simplification des procédures d'exportation et facilitation du rapatriement des bénéfices ;
- une contrepartie fiscale sous forme d'obligation d'absorption optimale et de formation de la main-d'œuvre congolaise de qualité, de sensibilisation des milieux d'affaires à travers le monde pour attirer des investissements connexes sur place, de construction des routes d'évacuation des biens, des cités de travailleurs, des écoles pour travailleurs et leurs familles, des centres de santé et des lieux de loisirs et de culture…

Si ces objectifs nouveaux sont mesurés par d'autres critères que ceux du principe de l'austérité budgétaire, leur réalisation traduira la mise en place de l'auto-surveillance. D'où la notion de la Gouvernance Intègre. Pour conforter cette nécessité d'intégrité dans la gestion des affaires de l'Etat et de rectitude morale dans l'action publique, la cohérence d'ensemble des objectifs sera assurée par le Programme National d'Investissements Structurants, voté par le Parlement, qui confrontera les différents objectifs de la demande collective et les moyens nécessaires pour les atteindre. Ces moyens seront traduits en un ensemble de programmes d'action précis, chiffrés, intégrant les programmations annuelles des investissements élaborés par tous les Districts Industriels en une stratégie globale, en particulier les investissements des filières prioritaires et de grands réseaux collectifs. Des prévisions quantitatives, chiffrées, seront associées à cet ensemble. La valeur des indices nouveaux de cohérence sera précisée. Le Programme, document bref, facilement compréhensible, propice à un suivi efficace, sera articulé avec les différents éléments de la politique économique des différentes institutions. Il devra être l'énoncé d'un projet collectif à moyen terme et ouvert aux discussions de toutes les institutions de la Société Civile. L'élaboration du Programme et la place des services qui en auront la charge dans les circuits de décisions économiques de l'Etat doivent permettre à sa cohérence de se manifester dans les décisions quotidiennes de l'administration. Le Programme doit disposer d'une administration légère, chargée de coordonner l'action de diverses agences, assurant l'essentiel des fonctions pour chacun des différents objectifs.

Troisième objectif : comment devenir une destination privilégiée des investissements privés internationaux en Afrique au Sud du Sahara ? Nous avons un pays de paradoxes. Notre pays est riche mais restera pauvre aussi longtemps que des capitaux massifs extérieurs ne viendront pas valoriser nos innombrables ressources. Comment les attirer ? Le préalable, c'est une sécurité de l'espace national assurée, assumée et garantie par les grandes puissances militaires de la planète. Pourquoi ? Le Congo doit exorciser la réputation de pays instable, en même temps qu'il doit courageusement assainir l'environnement interne des affaires, par l'extinction de tracasseries, la neutralisation de la corruption, la remise à plat du système fiscal, l'éclosion d'une classe d'ouvriers et d'ingénieurs qualifiés et bon marché, le règne de l'esprit du travail à corps perdu, la sacralisation de la notion de ponctualité et du respect de la propriété privée et du bien public…

La politique économique de la marche des sacrifices partira du souci d'un Congo en quête d'image de terre d'entreprises. Les entreprises publiques devront redevenir des entreprises compétitives et rentables. L'Etat recapitalisera là où c'est possible, et privatisera là où le bon sens l'indique. Cette éthique devra être la boussole du redressement national. Préparer l'avenir requiert une éthique pour le futur, une éthique du temps. Or l'édification de cette éthique du futur exige une remise en cause des modes de gestion reposant sur l'austérité érigée en principe absolu et sur le refus de la prospective.

Comment, dans cet esprit, ne pas être favorable au principe d'un Etat fort ? Ceux et celles qui militent pour un Etat chétif totalement assisté, en croyant ainsi faire reculer la bureaucratie, se trompent lourdement. Aujourd'hui, nous subissons, il est vrai, un État dont la présence omnipotente menace nos libertés et neutralise les initiatives privées. Mais notre Etat n'a rien de fort ! C'est un Etat faible fortement parasitaire et inutilement champion de tracasseries.

Construire un nouveau pays, c'est inventer un Etat qui s'affirme avec force et autorité, pour protéger les Congolais, conduire des réformes d'envergure et faire prévaloir les intérêts vitaux du Congo !

Évidemment, un tel dynamisme et une pareille détermination ne sont possibles que si le Congo est gouverné par des hommes de caractère, d'intelligences démontrées, d'expériences avérées, armés d'un amour incorruptible du Congo et de son peuple.

Oser l'inflation du développement

Le pays est par terre et Crispin Malingumu accuse : « *l'analyse comparative entre la croissance économique et l'Indicateur de Développement Humain congolais révèle un paradoxe. Alors que le pays enregistre des taux de croissance économique positif passant de -1,1% en 2001, 3,5% en 2002 et 5,6% en 2003, on s'attend logiquement à l'amélioration des conditions de vie de la population. Fort est malheureusement de constater une détérioration progressive du bien-être de la population mesuré par l'Idh qui passe successivement de 0,4 en 2000 contre un PIB par habitant de 82,6 dollars par an durant la même année, à 0,43 en 2001, 0,37 en 2002 pour clôturer à 0,38 en 2003. Une telle régression de l'Idh témoigne d'une croissance économique appauvrissante où le Congolais moyen est appelé à vivre en dessous du seuil de pauvreté absolue fixée par la Banque mondiale à 1 dollar par jour et par personne, soit un revenu annuel de 367 dollars par personne... La majorité des Congolais sont appelés à vivre en dessous, car ne disposant que de 6,8 dollars par mois et par personne en 2000, 6,5 dollars par mois en 2001, et 6,7 dollars par mois en 2003, alors que la moyenne est de 31 dollars. Ce qui ramène son revenu à 0,22 cents par jour et par personne... Cette croissance économique de 3,5% en 2002 et celle de 5,6% en 2003 s'est accompagnée d'une diminution de la consommation par tête de l'ordre de 4,2%, d'une diminution de l'emploi de l'ordre de 7,5% et une augmentation de l'inégalité entre riches et pauvres de l'ordre de 18,9%...* »[1]

Cette réalité est inquiétante. Elle repose sur un postulat à la fois simple et faux, mais toujours en honneur, enseignant *doctement* que la bonne santé d'une économie dépend du respect scrupuleux des grands équilibres des comptes de l'Etat. Forts de cet enseignement, on croit que le pays est malade d'une dépression de type classique, caractérisée principalement par des déficits budgétaires qu'il faut réparer par la seule thérapeutique des principes de l'austérité budgétaire. Nous n'avons plus le droit de méconnaître les causes

---

[1] Malingumu Crispin Syosyo, *Le paradoxe congolais de la croissance dans la pauvreté*, in journal *Le Potentiel* du mardi 05 octobre 2004-N°3242, p.9.

véritables de notre sous-développement. Le plus grand problème de l'économie congolaise n'est nullement celui de l'équilibre des comptes de l'Etat. Au cœur de la crise congolaise, il y a la compétitivité nulle de notre appareil de production dans une confrontation ouverte de plus en plus difficile avec des économies plus productrices et plus vigoureuses que la nôtre. Là où il faut chercher à réorganiser le système productif en se donnant les moyens de produire plus, de moins en moins cher, selon des techniques sans cesse modernisées, des biens et des services chaque jour nouveaux, l'Etat congolais administre à l'économie un puissant calmant sous la forme d'une cure d'austérité qui engendre : l'alourdissement des charges directes et indirectes pesant sur les entreprises, l'asphyxie de leur capacité d'investissements, la multiplication des emplois improductifs et des entreprises en survie artificielle, le déphasage chaque jour plus accentué de notre appareil de production par rapport aux économies qui servent le marché national en biens de consommation et d'équipement. Il faut sans délai redonner à la République les moyens d'agir pour assurer :

- la compétitivité internationale des entreprises, leur liberté d'action en matière de prix, d'emploi ou de financement, et la qualité et la formation des hommes qui y travaillent ;
- l'efficacité du système éducatif, la qualité de l'organisation du travail, des transports publics, de la prévention sanitaire et sociale…

Bref, il faut que puisse éclore une multitude de points forts, de pôles d'efforts, significatifs d'un haut niveau de prise de conscience de la nécessité des actions vigoureuses sur nos structures économiques et sociales, en vue de leur rendre la souplesse, la vigueur, la capacité d'innovation et de création qui sont le fait des meilleures élèves de l'économie mondiale. C'est à cette ambition que s'attelle la doctrine de la Révolution du Bon Sens. Reposant sur l'irréductibilité de la dignité humaine, la Révolution du Bon Sens se veut être un modèle de justice constitué de quatre composantes : l'inviolabilité des droits de l'homme ; la culture et le culte des vertus comme moyens d'émancipation ; un mode de développement durable caractérisé par un équilibre entre prospérité économique, justice sociale et protection de l'environnement ; une vision de l'ordre international fondé sur le droit, l'interculturalité, l'interdépendance et le co-développement entre les peuples et les nations. L'attachement à la personne humaine veut ici tout simplement dire que les Droits de l'homme au Congo doivent d'abord être les droits de l'homme pauvre du Congo qui doit instamment être mis à l'abri de la maladie, du chômage, de l'ignorance et de la faim, du berceau à la tombe.

Voilà pourquoi nous préconisons l'alternative radicale de l'inflation du développement, au nom de la puissance et de la légitimité de l'action publique. Nous ne pouvons plus nous contenter de regarder passivement notre société sombrer chaque jour davantage dans le chaos, en suivant obstinément les thérapies fanées de l'austérité budgétaire, dont les recettes planifient le suicide national, en commençant par anéantir l'homme, puisque l'austérité interdit toute politique de santé publique, toute reforme de l'éducation, et finalement tout financement public salutaire pour ce peuple déjà privé de tout. Perpétuer le principe d'austérité budgétaire, c'est installer le pays dans la stagnation, en entretenant cyniquement une croissance économique appauvrissante et une stabilisation macroéconomique comateuse ?

De l'avis général, l'inflation est une conjoncture économique pathologique. Ainsi, sa définition est essentiellement statistique et normative : taux annuel excessif de hausse des prix. On n'est guère en mesure de dire quand ce taux excessif devient vraiment nuisible, puisque par exemple le pourcentage de 4% de hausse annuelle est aujourd'hui considéré comme tolérable, alors qu'il y a quelques années la norme était d'environ 2%. La notion d'inflation est donc purement descriptive. D'où le caractère éclectique de ce que l'on appelle les causes du phénomène : excès de la demande par rapport à l'offre globale, hausse des coûts, augmentation excessive de la masse monétaire, etc.

Nous devons briser le caractère idéologique de la notion d'inflation pour l'appréhender dorénavant comme étant avant tout un impôt, susceptible d'agir comme une régulation, comme possibilité de distribution sélective du crédit sain. Même les Etats-Unis d'Amérique, sanctuaire du capitalisme et gîte des institutions de Bretton-Woods, s'y conforment ! En 1980, la guerre froide suffoque : une relative paix règne dans le monde. C'est l'amorce du dégel avec la *glasnost* et la *perestroïka* en Union Soviétique. Mais cela coïncide paradoxalement au record d'accroissement du déficit budgétaire en temps de paix aux Etats-Unis, celui-ci passant de 1 milliard de dollars en 1980 à 207 milliards en 1985, soit en % du PNB de 2,2% à 5%, avec une dette publique croissant de 13% par an. Aux Etats-Unis, on l'a appelé l'économie de découverts ou l'*overdraft economy*, c'est-à-dire : la politique de l'endettement public, du déficit budgétaire expansionniste. Aujourd'hui troisième puissance exportatrice agricole du monde, pour relâcher son effort d'équipement, donner du tonus à la productivité de son économie et à la création d'emplois, le Brésil a connu, sur l'ensemble de la décennie 80, de très fortes hausses de prix : 50.000% en rythme annuel. Si les deux exemples démontrent qu'il y a une relation évidente de causalité privilégiée entre le déficit budgétaire, l'accroissement de la masse monétaire et l'inflation, il faut tout aussi reconnaître que c'est ce même lien qui sert de soubassement aux politiques anti-inflationnistes orthodoxes. Car la première mesure de toute politique sérieuse contre l'inflation est de favoriser l'expansion de l'investissement. Tout repose donc sur cette maxime : le redressement économique et social n'est possible que par l'augmentation du volume des fonds intérieurs disponibles pour l'investissement.

Une telle interprétation permet de savoir que la qualité de la monnaie prime toujours sur le volume de la masse monétaire. Cette qualité n'est autre que sa valeur anticipée en biens et en services. Ainsi, la Révolution du Bon Sens préconise l'inflation du développement pour financer le redressement et l'expansion des activités économiques avec la conviction que le véritable problème de l'économie congolaise tient, non pas à l'inflation, mais à l'effondrement de la productivité, à la disparition du désir d'investir et à la dénaturation de la notion de travail et de salaire. Ici, on envisage l'inflation du développement comme possibilité nationale d'octroyer à l'économie les moyens financiers en quantité suffisante et de bonne qualité (parce qu'il est question d'intégrité budgétaire), pour vaincre la pauvreté en rendant possible une production de masse produisant des biens accessibles à la masse des consommateurs devant être, en masse, des travailleurs salariés.

L'inflation de développement sera le prix du rattrapage. Elle proviendra du peuple comme effort social décisif pour y retourner, dans un processus coopératif de financement du développement, comme masses d'argent public destinées, en fin de compte, à soutenir et irriguer les entreprises privées, les initiatives privées, les logiques privées, avec comme objectif : que tous les Congolais aient du travail.

La priorité des priorités de la doctrine de la Révolution du Bon Sens, c'est de donner du travail aux gens, de les qualifier pour un nouvel et un durable emploi, tout simplement parce que le travail signifie en général beaucoup plus que le simple fait d'avoir un emploi. Avoir du travail, c'est disposer d'un revenu régulier et donc d'être indépendant et digne. Avoir du travail, c'est obtenir professionnellement une reconnaissance sociale, faire valoir ses compétences personnelles et poursuivre son propre épanouissement. Et quand on a du travail, on est prêt à s'engager dans la citoyenneté entreprenante et à œuvrer activement pour le bien commun. Toutes les ressources de la nation et toutes les possibilités nationales doivent être mobilisées pour vaincre le chômage et créer des emplois rémunérateurs.

En effet, la doctrine de la Révolution du Bon sens considère que c'est bien l'augmentation des effectifs au travail dans les entreprises qui constitue la seule vraie mesure de l'efficacité d'une politique de l'emploi. Seule la réussite dans ce domaine précis pourra, de manière pérenne, résorber le chômage endémique dont souffre le pays depuis la fin de la colonisation. Et puisque tout ce qui est fait dans le domaine économique doit obéir à une finalité sociale, et qu'aucune politique sociale n'est possible sans bonne politique économique, pour créer ou maintenir de l'emploi, le moteur essentiel, c'est le compte de résultat des entreprises.

Il faut, subséquemment, que la valeur ajoutée des entreprises soit suffisante pour leur permettre, tout en pratiquant des prix de marchés, de réaliser une rémunération correcte du capital investi, après avoir couvert les dépenses de matières premières et d'équipement, réinvesti dans le renforcement des capacités de l'outil de travail, réglé les salaires, et payé taxes et impôts. C'est à ce prix que les entreprises peuvent assurer leur survie et donc le maintien ou la création des emplois. Et c'est encore à ce stade qu'on trouve la problématique la plus importante, et qui nous tient tant à cœur, à juste titre, des charges et impôts beaucoup trop lourds qui pèsent sur les rares entreprises congolaises encore en activité, et obèrent leur compétitivité par rapport aux entreprises des pays frontaliers.

Pour répondre à cette exigence de développement et d'augmentation des effectifs au travail, il faut aussi que l'entreprise perçoive son marché comme étant en expansion, ou estime qu'elle puisse prendre une part plus importante de ce même marché. N'importe quel entrepreneur ne peut envisager le développement de son activité, en investissant, et en embauchant plus de salariés que quand il perçoit qu'il ne peut plus faire face au volume de la demande. C'est donc bien la situation économique de son secteur et l'ambition de l'entrepreneur qui sont les moteurs de cette décision de développement qui corrélativement motive la création de l'emploi. Et c'est bien, une fois encore, la perspective de faire encore plus de profits en répondant à la demande qui va pousser l'entrepreneur à rechercher plus de collaborateurs et ainsi augmenter ses effectifs. C'est sur ce terrain que s'installe, comme batterie de dispositifs de soutien à l'investissement, la politique du crédit sain par le système des déficits budgétaires industrialisants.

Crédit sain et déficits budgétaires industrialisants

L'Etat est une ménagère. La ménagère commence par examiner ce qu'elle peut acheter avec ce dont elle dispose comme disponibilité financière, en établissant une hiérarchie des priorités. Quand elle fait le choix des victuailles mensuelles ou hebdomadaires, des frais scolaires et du loyer, on dira qu'elle a choisi parmi les besoins nombreux du ménage ceux qu'elle estime les plus importants. Ainsi elle affecte les ressources disponibles, donc limitées, à la satisfaction d'une partie seulement de tous les besoins selon l'ordre des priorités qu'elle s'est imposée. La ménagère a fait un calcul économique rationnel. Par ailleurs, les victuailles, les frais scolaires des enfants, le loyer, la santé de la famille, qui constituent des dépenses obligatoires, ne peuvent en aucune manière être supprimés, même devant le constat de ressources familiales en deçà de ce qu'il faut pour honorer ces obligations. Le levier de l'endettement intelligent subsiste !

Ce qui est vrai au niveau du ménage, l'est davantage d'une nation. Le but de l'Etat, par quoi la nation s'ordonne et s'organise, est celui de garantir le maximum de bien-être à la population. A l'instar de la ménagère, l'Etat fait aussi des choix. Il doit s'imposer un ordre des priorités : la sécurité alimentaire, la santé pour tous, l'enseignement primaire et secondaire gratuit, les infrastructures de communication, de transport, les routes... Il s'agit là d'appréciations de l'importance des besoins du pays et de la population, qui renvoie à la notion d'utilité, laquelle permet la comparaison des biens et la mise en exercice d'un calcul économique.

Cette détermination de l'utilité de chaque bien exige, non seulement un comportement rationnel et logique du pouvoir public, mais aussi et avant tout, une conscience civique des besoins du pays et des gens. A partir des considérations susmentionnées, on crée un circuit économique. Disons : un marché. C'est-à-dire : pour obtenir des biens, on travaille ; en échange du travail, on reçoit un salaire ; avec le salaire, on obtient des biens ; la consommation de ces biens soutient la production ; la partie du revenu salarial qui n'est pas dépensée s'oriente vers l'épargne ; et l'épargne, en fin de processus, alimente l'investissement, car elle est prêtée à la production pour constituer le capital des entreprises.

Pour mieux articuler les axes fondamentaux de cette marche approche, nous proposons une approche théorique nouvelle, fondée sur les notions de besoin. L'idéal de base est que la Révolution du Bon Sens impose le principe que l'économie nationale congolaise s'organise dorénavant en fonction des besoins des Congolais. Ces besoins délimitent le périmètre des droits sociaux, relevant du service de l'intérêt général, en matière de santé, culture, éducation, transport, communication, information, énergie, eau, sécurité alimentaire, environnement, logement et, d'une manière générale, dans tous les secteurs qui contribuent à la qualité de la vie et au développement durable. Ceci implique de l'audace et une vision à long terme. Il ne saurait y avoir de modèle unique dicté par on ne sait quelle experte institution internationale. Il faut oser dépasser les choix crispés et tout faire pour privilégier deux grands principes : d'une part, le besoin de régulation volontariste, méthodique, professionnelle et résolue par l'Etat ; et d'autre part, l'existence et le respect d'un strict cahier des charges, établissant une obligation de résultat, c'est-à-dire la réalisation de cet ensemble de biens dont on considère qu'ils doivent être fournis dans des conditions telles qu'ils puissent être accessibles au plus grand nombre, afin que chacun ait accès à une vie digne. La démarche offensive qui devrait en découler sera menée non pas sur le terrain des structures à mettre en place mais sur celui des missions à remplir. Cela implique l'affirmation de la notion de besoins, celle-ci ayant pour objet de satisfaire les besoins de biens et services essentiels exprimés par les citoyens. Elle devra par conséquent obéir aux principes de solidarité, d'intérêt général, de cohésion sociale et d'accès effectif de chaque personne à la totalité de ses droits, à l'exercice de son autonomie, au plein développement de ses capacités. Tout ceci converge sur l'idée que la notion de besoins est la mieux à même de traduire les exigences d'une société juste pour tous. Et à partir de cette notion, il devient possible de renouveler profondément, dans une perspective qui est à la fois authentiquement congolaise et résolument offensive, la réflexion sur l'action publique. Quelle peut être le champ de cette économie des besoins, quels types d'action implique-t-elle pour soutenir la demande et organiser l'offre dans les domaines concernés ? En cherchant à répondre à ces questions, c'est à une revisite de tous les domaines d'intervention de l'Etat et notamment de la question du rapport entre les responsabilités des pouvoirs publics et les droits et devoirs des citoyens. En tout état de cause, il faut donc que l'Etat fasse preuve de hardiesse, de bravoure, d'ambition et d'imagination dans la perspective ; d'humilité, de ténacité et de persévérance dans l'effort, de noblesse civique dans l'action et de rectitude morale dans le comportement. Le Congo attend cette âme ! Son avenir est en quête d'un dessein novateur, faute de quoi des affairistes sans scrupules et des rebelles prédateurs s'en chargeront.

L'ensemble des éléments qui viennent d'être évoqués conduit à une conception neuve de l'action publique comme moteur de l'organisation et de la régulation de la production des biens collectifs. La nouvelle puissance publique congolaise devra donc :

- accroître les capacités productives nationales par l'investissement public direct (équipements collectifs) et l'orientation de l'investissement privé ;
- développer les compétences dans les entreprises par la formation, l'information, l'innovation industrielle, la recherche-développement ;
- promouvoir une mentalité industrielle autour des valeurs de l'entreprenariat, du risque, de la création et de l'innovation ;
- prendre directement en charge des activités industrielles jugées vitales et stratégiques pour le pays ;
- renforcer l'attractivité du territoire pour attirer des investissements dans des activités à forte valeur ajoutée et créatrices d'emplois.

Dans le domaine touristique, où nous bénéficions de réelles potentialités et d'avantages comparatifs certains, nous sommes devant un défi considérable de reconquête de marché, de redéfinition de notre offre, d'appropriation de l'activité touristique par notre population. Il faut instamment organiser la réconciliation de la population congolaise avec le tourisme, en lui faisant comprendre quel extraordinaire gisement d'emplois le tourisme, activité moderne de service, peut représenter pour notre économie. Le tourisme, autant qu'une activité économique, est aussi l'occasion de rencontres et d'échanges entre des populations de cultures différentes. Cela constitue une source d'enrichissement, par l'ouverture au monde qu'il procure, par le rapprochement des individus et des peuples qu'il facilite et la fierté de faire découvrir notre pays que nous pourrons légitimement tirer de ces contacts.

Ceci nous montre la voie d'une *culture tourisme*, fondée sur la qualité et l'ouverture au monde : qualité des concepts touristiques qui doivent s'orienter vers la valorisation de tous nos patrimoines, qualité des équipements de séjour et de loisirs sportifs et culturels à construire, qualité de la formation professionnelle à entreprendre, qualité des politiques de communication à mettre en œuvre, qualité de nos infrastructures de transports internationaux et enfin qualité des échanges humains au profit de nos visiteurs et de tous les Congolais. Loin de minimiser les difficultés de tous ordres qui accompagnent cette activité, il faut accepter et savoir faire accepter par la société le culte des efforts de long terme. Cependant, il faut pleinement prendre conscience que le tourisme peut largement contribuer à la valorisation du Congo par ses impacts positifs sur l'ensemble de nos activités exportatrices et importatrices.

Posons-nous cette question simple : est-il possible d'aller à contre-courant de ce concept d'inflation du développement comme ré-oxygénation et redynamisation de l'activité économique ? Cette question en appelle une autre : entre l'inflation du développement, qui s'accompagne de la hausse des prix et des salaires, et l'austérité, engendrant sans cesse récession, chômage, pauvreté et misère, quel est le pire ?

A l'inflation du développement s'interpose un seul mot d'ordre : l'expansion. L'Etat sera certes maître du crédit, mais il veillera, à tout instant, à n'ouvrir que des crédits sains, à contrôler le rythme de leur augmentation, à déterminer les options, les objectifs et les ordres de priorités dans l'octroi dudit crédit, dont la mission est de susciter, de participer, d'accompagner et de soutenir un nouveau type de croissance, une croissance sociale, mise en priorité au service de la nutrition, de la santé et de l'éducation, qui constituent les biens de départ du processus de développement. Ces biens sont les indicateurs du potentiel d'énergie humaine d'un pays, de son degré de mobilisation en vue d'une croissance régulière et soutenue.

C'est à l'Etat d'oser cette ambition et d'en assumer la responsabilité. Dans tous les pays du monde, quelles que soient leurs histoires, leurs traditions et leurs institutions, on retrouve cette double assise de la sédimentation et de l'organisation de l'action publique, base de la civilisation commune, cadre d'affirmation de la citoyenneté, lieu de la sécurisation économique et sociale des peuples, clé de l'égalité des droits et de l'intégration nationale.

C'est un fait que pour survivre, se redresser et se développer, notre pays a des besoins énormes de crédits. Nous avons le choix entre souffrir un temps pour garantir la prospérité future ou souffrir de tout temps et condamner la nation au sous-développement perpétuel. Il existe des crédits sains et des crédits malsains. Le crédit sain est celui qui est accordé au débiteur solvable et dont le terme correspond exactement à la durée de l'opération pour l'exécution de laquelle il a été créé. En revanche, est malsain le crédit accordé à fonds perdus ou à terme inexact. En préconisant la vigueur économique dans l'intégrité budgétaire, par l'inflation du développement et à travers un système de déficits budgétaires industrialisants, la Révolution du Bon Sens présente une pratique économique et financière qui donne à l'Etat l'opportunité de procéder à un gigantesque recours au crédit sain pour animer une économie qui produit de la richesse et crée des emplois, en pariant sur un équilibre propre entre liberté et justice sociale, entre production et redistribution, entre marché et Etat. Quand j'évoque l'intégrité budgétaire et le Programme d'Investissements Structurants financé par l'inflation du développement, je pense à redonner vie, sens et vigueur à la volonté nationale de vaincre le sous-développement.

Sous-traitance privée
des services publics stratégiques pour la relance

L'évolution du monde et de notre société, l'ampleur et la complexité des attentes populaires rendent nécessaires une adaptation de l'Etat et un vaste effort de rénovation du service public. Pour briser l'actuel régime de centralisation administrative politisée, qui se résigne devant la corruption comme un mal invincible, qui tue le sens de l'Etat et asphyxie les responsabilités, il faut un traitement de choc qui redéfinisse le socle de prestations de base que l'Etat doit garantir ainsi que la manière dont sa fourniture pourra se combiner avec le fonctionnement d'un environnement des affaires entraîné dans le chantier du redressement national.

C'est ici que le concept de la sous-traitance privée des services publics liés aux secteurs-clés de la relance trouve pertinemment sa raison d'être. L'ambition est claire : sceller l'alliance entre une société libérée dans ses forces vives et un Etat réformé dans ses méthodes et ramené au plus près des attentes du citoyen. Mais la réforme de l'Etat comme la consolidation de l'état de droit ne peuvent être garanties que si le pays retrouve les chemins de la prospérité. C'est donc d'abord au redressement économique qu'il faut s'attacher, car c'est de lui qu'à long terme tout dépendra. Voilà pourquoi la réforme radicale de l'Etat par ce concept de sous-traitance s'appuie sur la définition d'une politique nouvelle, offensive et résolue, basée sur un programme quinquennal de prise en charge privée des services publics situés en amont et en aval de l'investissement productif.

La présence de ce corps privé d'intermédiaires spécialisés au cœur du dispositif étatique de régulation de l'activité économique permettra l'assainissement de l'économie, sa restructuration, l'émergence d'un système financier sain, le développement des investissements et l'avènement d'une nouvelle conscience des prestations administratives de l'Etat. Ce programme pourra concerner des secteurs clés comme les entreprises du portefeuille de l'Etat, la fiscalité, la douane, les mines, les agences de promotion des investissements, etc.

La T.T.U. : Taxe Triennale Unique

en finir avec l'économie informelle et bâtir le marché national

Reconstituer le système financier national, améliorer de manière volontariste le volume des fonds intérieurs disponibles pour l'investissement créateur d'emplois et moteur de développement, c'est une obligation de gestion publique en période de sous-emploi et de stagnation économique. Ce devoir recommande toutes les audaces, dès lors qu'on prend conscience que la raison économique n'est valable que si l'objectif poursuivi est la raison sociale. Cette politique de l'usage raisonné du déficit budgétaire procède du principe de l'offre interne volontariste de monnaie qui doit forger l'expansion de la production. D'où la Gouvernance intègre, notre credo économique. Nous voulons bâtir un système financier sain, tourné vers le financement de l'économie. Ces dispositifs seront soutenus par une discrimination douanière positive où les produits de consommation courante et de luxe constituant des biens non-essentiels subiront la taxe maximum, et les biens d'équipement, matières premières et produits utilitaires bénéficieront de la taxe minimum.

Mais comment, en partant de la relance des activités agricoles, redonner à l'économie nationale les moyens de fonctionner à plein régime ? Aujourd'hui au Congo, il n'y a plus que 13 banques ! Aucune de ces banques ne pratiquent des opérations de crédit. Toutes n'exercent que des opérations de dépôt et de transactions ! Seuls 35.000 Congolais possèdent un compte en banque sur 60 millions d'habitants, alors qu'en face, au Congo-Brazzaville, sur 3 millions d'habitants, ils sont 90.000 détenteurs d'un compte bancaire… La fiscalité nationale, s'érigeant de plus en plus en activité faite pour décourager tout désir d'investissement, massacre toute volonté de créer des emplois. Plus de 900 différents impôts indirects peuvent être appliqués au Congo par une multiplicité d'institutions différentes. Cette situation a tellement tué l'économie qu'il ne reste plus qu'une centaine d'entreprises qui s'acquittent encore d'impôts supérieurs à 100.000 dollars.

Forts de ce constat, comment indiquer la voie à suivre ? Urgente décision : libérer les entreprises de la strangulation fiscale actuelle qui empêche l'activité économique de naître ou de prospérer, qui favorise le désengagement des opérateurs privés et la fuite des capitaux. Nous proposons la mise en œuvre d'un moratoire fiscal de trois ans d'impôts zéro. L'accès au moratoire est conditionné à une taxe spéciale appelée Taxe Triennale Unique (TTU), de l'ordre de 10% sur le chiffre d'affaires initial. Au terme de ce moratoire, un nouvel système fiscal se déploiera, reposant sur la Taxe sur la Valeur Ajoutée. Le but est de donner à ceux qui investissent au Congo des moyens et des raisons d'investir, de produire davantage, de créer des nouveaux emplois et de construire le bonheur collectif. La T.T.U., taxe unique pendant trois ans, amènera l'économie informelle à quitter le marché souterrain, où le règne de l'illégalité se paie au prix fort de tracasseries permanentes, perpétuelles et chaque fois exponentielles, pour rejoindre l'univers dorénavant aseptisé de la fiscalité pour une vie des affaires soutenue et mieux encadrée.

Dans ce contexte d'assiette fiscale élargie et de confiance reconquise en un marché intérieur sécrétant constamment moult opportunités d'investissements porteurs, l'investissement étranger sera encadré et promu par les dispositifs ci-après :

- Partenariat concessionnel sur fond d'un bail d'exploitation allant de 25 ans et plus pour les investissements dans les cinq domaines stratégiques suivants : les mines, les hydrocarbures, le bois, l'électricité et l'élevage industriel bovin, ovin, avicole, porcin ou piscicole ;
- Exemption décennale (10 ans) d'impôts pour tout investissement industriel excédant 1 milliard de dollars ;
- Franchise de douane sur les importations ; Simplification des procédures d'exportation, facilitation du rapatriement des bénéfices ;
- Contrepartie fiscale sous forme d'obligation d'absorption optimale et de formation de la main-d'œuvre congolaise de qualité, de sensibilisation des milieux d'affaires à travers le monde pour attirer des investissements connexes sur place, de construction des routes d'évacuation des biens produits, des cités de travailleurs, des écoles pour travailleurs et leurs familles, des centres de santé et des lieux de loisirs et de culture…

La Révolution du Bon Sens, c'est donc à la fois un idéal et un programme. Tirer jusqu'au bout toutes les conséquences de cette prospective suppose qu'on distingue et qu'on clarifie trois logiques différentes et consubstantielles, une triple vision articulée autour de la production, de l'échange et de la consommation.

La production d'abord

Le Congo notre pays était, à la veille de l'indépendance, le premier producteur de coton en Afrique francophone, avec une production d'environ 180.000 tonnes de coton graines. Cette production est aujourd'hui quasiment rayée de la géographie productive congolaise, alors que la production du coton au Burkina Faso est passé de 150.000 tonnes en 1995 à 500.000 tonnes en 2005, faisant de la commercialisation du coton la première source de devises étrangères du pays et près de 2 millions de Burkinabé vivent de cette culture de rente. Durant la même période, c'est-à-dire de 1995 à 2003, 200.000 Burkinabé producteurs de coton ont multiplié leurs revenus par cinq, passant de 19 à 100 milliards de FCFA. Le même coton représente 75% de recettes d'exportation au Bénin. Au Mali, deuxième producteur du continent après l'Egypte, le coton représente la moitié des ressources du pays en devises. Pour le Tchad, le coton est le tout premier produit d'exportation. En dehors des devises obtenues, le coton offre de multiples bénéfices. Sans parler de l'alimentation pour bétail dérivée du coton, l'huile obtenue à partir des graines représente l'essentiel de la consommation d'huile alimentaire au Mali, au Tchad, au Burkina Faso, au Togo, en Côte d'Ivoire et au Cameroun.

Pouvait-on rêver clin d'œil plus ironique à notre déficience ? Le revenu réel par habitant est passé de 350 dollars en 1959 à moins de 100 dollars aujourd'hui. Cet échec qu'il nous faut désormais nous approprier intellectuellement pour mieux l'exorciser politiquement, est bel et bien l'écrin de l'intime tragédie congolaise. Il faut se retourner sur ce dramatique insuccès, pour le disséquer, essayer de le comprendre, le problématiser, et tracer un nouvel horizon pour réformer le pays en profondeur. S'y conformer, c'est interroger la problématique basique de l'économie nationale, laquelle met en relief l'idée que toutes les productions reposent en définitive sur le seul travail humain, et que le seul véritable revenu créé dans la nation est celui généré par l'activité de production. Même la Bible en fait la démonstration. Matthieu 25, 14 :

« Un homme, avant de partir à l'étranger, fait appeler ses serviteurs pour leur remettre son argent. Il donne au premier cinq talents, à un autre deux, et au troisième un talent : à chacun selon sa capacité. Puis il part… Celui qui a reçu les cinq talents va immédiatement les faire travailler et il en gagne cinq autres. Celui qui en a reçu deux fait de même et en gagne deux autres. Quant à celui qui n'en a reçu qu'un, il fait un trou dans la terre et cache l'argent de son maître… Longtemps après, le maître de ces serviteurs vient leur demander des comptes. Celui qui a reçu les cinq talents lui en présente cinq de plus : « Seigneur, dit-il, tu m'as confié cinq talents, en voici cinq autres que j'ai gagnés. Son maître alors lui déclare : Très bien, bon et fidèle serviteur, tu as été fidèle pour une petite chose, je te confierai beaucoup plus ; viens partager la joie de ton maître… Celui qui a reçu les deux talents s'avance à son tour : Seigneur, dit-il, tu m'as confié deux talents, en voici deux autres que j'ai gagnés. Son maître répond : Très bien, bon et fidèle serviteur, tu as été fidèle pour une petite chose, je te confierai beaucoup plus ; viens partager la joie de ton maître… Celui qui n'a reçu qu'un talent s'avance alors et dit : Seigneur, je savais que tu es un homme dur. Tu moissonnes là où tu n'as pas semé et tu amasses quand tu n'as rien engagé. J'ai donc pris peur et je suis allé cacher ton talent dans la terre. Voilà ce qui t'appartient… Mais son maître lui répond : Mauvais serviteur, bon à rien, tu savais que je moissonne là où je n'ai pas semé et que j'amasse quand je n'ai rien engagé. Mais alors, tu devais placer mon argent à la banque : à mon retour j'aurais repris ce qui est à moi avec les intérêts… Prenez-lui donc ce talent et donnez-le à celui qui en a dix. On donnera à celui qui produit et il sera dans l'abondance, mais celui qui ne produit pas, on lui prendra même ce qu'il a… » (A l'époque de Jésus, un talent correspondait à trente kilos de métal précieux, mais dans cette parabole, Jésus compare à des talents d'or les aptitudes que Dieu nous donne). Illustrons cette parabole évangélique en imaginant deux scénarios catastrophes.

1. Admettons que tous les moyens de production soient détruits, tandis que les êtres humains sont relativement épargnés, de même que les ressources naturelles. En se remettant au travail, les survivants sont en mesure de reconstruire tout ce qu'il faut pour que la société revive et prospère.
2. Prenons l'hypothèse contraire où tous les moyens de production et les ressources naturelles subsistent, mais les humains

sont neutralisés. Aucune production ne sera possible, et les moyens de production seront inutilement gaspillés, et la société n'aura pour destin que le malheur et la désolation.

De ce qui précède, la Révolution du Bon Sens retient que l'économie nationale n'existe que par le travail humain, et qu'il faut dorénavant considérer les salaires non pas comme de simples coûts à minimiser, mais plutôt les envisager dans leurs aspects de levier de la dignité humaine et de débouché essentiel de la production. Car avoir du travail, c'est disposer d'un revenu régulier et donc participer pleinement à la vie de la communauté, être indépendant et digne. Avoir du travail, c'est obtenir professionnellement une reconnaissance sociale, faire valoir ses compétences personnelles et poursuivre son développement. Et quand on a du travail, on est également prêt à s'engager dans la société civile et à œuvrer activement pour le bien public. C'est pourquoi la lutte contre le chômage est une impérieuse nécessité. C'est une nécessité car cela correspond à la conception de la société que nous voulons bâtir, dans laquelle tous ceux qui veulent travailler pourront avoir la possibilité de reconquérir leur indépendance et de maîtriser leur avenir.

Prenons un autre exemple ! Celui qui achète au hasard un billet de loterie et gagne. Premier réflexe : il remercie la chance. Mais si la chance lui a permis d'obtenir ce revenu, est-ce la chance qui l'a créé ? Nous en arrivons donc à la Révolution du Bon Sens de la production. De l'impérieuse nécessité de production au principe de l'échange, il se profile une approche économique neuve où l'expansion de la production se développe de manière cumulative. C'est-à-dire : une augmentation de la production qui signifie augmentation de l'emploi et des salaires, donc une augmentation de la demande ; une demande sans cesse accrue qui stimule la production, qui attire les investissements et assure l'accès du peuple au bien-être et au bonheur. La production est donc à la source de tout progrès social. C'est elle qui rend possible la société de salariés, la société de travailleurs, d'intelligence scientifique, de savoir technique, de talents littéraires et artistiques.

Faciliter l'échange

A la base de l'activité économique, il y a ce constat simple : chaque individu éprouve des besoins. Pour répondre à ces besoins, tout un chacun cherche à acquérir des biens. Ces biens sont matériels lorsqu'il s'agit de se nourrir, se vêtir... Ils sont immatériels quand on a besoin d'être soigné, d'être informé, de se déplacer, de se distraire... Il se fait que ces biens existent en quantité inférieure aux besoins. Il faut donc les produire, c'est-à-dire libérer les initiatives, mobiliser l'effort, la main-d'œuvre et l'imagination créatrice des forces vives de la nation. En un mot : créer un marché intérieur. Ce marché exige l'invention, qui ne tombe pas du ciel des idées. Elle naît sur le terrain d'un marché pensé, organisé, encadré, structuré et soutenu. Ce marché, c'est le salaire qui consomme, l'obsession de la réussite personnelle par l'effort et le travail, l'ambition entreprenante, la foi en la prospérité de la nation, la circulation, la réduction des coûts de transport, la comparaison, la mobilité des idées, la rencontre et la confrontation des savoir-faire. Ce marché, c'est en définitive l'échange. Le créer, c'est identifier et défaire le nœud gordien qui empêche la naissance et l'expansion de l'activité économique. C'est donc éprouver, dans l'action, ce qui limite une production alors que les acheteurs sont bien là, ce qui décourage des consommateurs alors que la production est possible, ce qui déconseille l'investissement alors que le pays est à la fois un désert entrepreneurial et industriel, un scandale géologique et un gigantesque réservoir d'ingéniosité et de savoir-faire. En évoquant l'échange, l'idée est de lancer un défi fondé sur la confiance dans le marché, dans l'importance de l'individu et son droit à l'autodétermination, dans la capacité des Congolais à contrôler leur société et les forces de la nature et ce, dans la libre compétition d'initiatives responsables.

Nous ne sommes plus dans une société primitive, où la collectivité tire les biens de la nature. Aujourd'hui, il faut fournir du travail, et au-delà de la force des bras, la valeur ajoutée doit œuvrer au cœur de l'activité économique. Ensuite il faut répartir les biens matériels produits et les biens immatériels mis au service de l'individu. D'où toute la raison d'être du pouvoir public, l'Etat, qui est le siège et le garant des règles dont les finalités sont l'encadrement de la production, de la répartition, de la distribution et de la diffusion des biens pour assurer la cohésion sociale. Cet Etat devra demeurer arbitre et garant du bon fonctionnement du match : production-compétition-innovation. La vigueur du marché tire l'innovation vers l'avant, pendant que la croissance économique, qui exige l'invention, suppose une attention très vive au marché. Celui-ci commence par la compétition, qui stimule la recherche de gains de productivité et impose le devoir d'amélioration des techniques de production, laquelle engendre le développement de nouveaux produits. C'est ce cercle vertueux de la concurrence acceptée comme règle du jeu qui est le secret de la prospérité d'une économie nationale. Il nous faut donc un Etat capable de garantir un tel échange.

Cet échange, c'est d'abord la protection des citoyens les plus en difficulté, en faisant du combat contre nos sept véritables souffrances la raison d'être de la République et de l'Etat. Cet échange, ce n'est pas un filet de sécurité pour les pauvres garanti par un Etat-Providence. C'est une redistribution par la récompense de tout effort, le pouvoir d'achat dans toute rémunération et par le bannissement de principe des avoirs et privilèges obtenus sans contrepartie de travail ou de mérite. Il nous faut bâtir la société de la réussite personnelle, de l'accomplissement, où devenir riche doit être un devoir, en sachant que c'est la somme des richesses des Congolais qui fera la prospérité du Congo, et que les hommes qui réussissent sont ceux qui prennent le risque d'échouer.

L'instauration de l'esprit de compétition doit coïncider avec l'avènement de la notion de sanction de l'activité sociale. Il faudrait dorénavant définir le salaire perçu par le travailleur comme une grandeur monétaire constituant à la fois un coût de production fondamental que les entreprises ont intérêt à maîtriser pour accroître leur plus-value et leur profit, et un pouvoir d'achat essentiel que les entreprises et l'économie nationale ont intérêt à augmenter pour ragaillardir la capacité nationale à consommer, élargir les débouchés des firmes et garantir le progrès social.

Aujourd'hui, avec un PNB par tête de moins de 100 dollars, les Congolais consomment des biens et de denrées alimentaires produits par des économies où le PNB par tête oscille entre 31.000 dollars (au Japon), 25.000 dollars (aux Etats-Unis), 23.000 dollars (en Allemagne), 22.000 dollars (en France), 19.000 dollars (au Singapour), 3.000 dollars (au Brésil), 2.000 dollars (en Thaïlande)... D'où la stagnation et le chômage de masse. Et pour cause ! Chaque produit importé interdit sa production sur place. Conséquences : le désir d'investir périclite, la préférence de l'importation précipite les licenciements dans les domaines industriels, pour favoriser les entreprises de négoce et le trafic. L'abondance des produits importés au Congo présente des rêves inaccessibles pour n'importe quel salarié congolais. Mais le volume des importations nationales et la consommation inhérente donnent la pleine mesure du marché noir, et ses conséquences consubstantielles : émiettement de l'assiette fiscale, essor des activités informelles, contrebande, désinvestissement, insécurité généralisée, corruption...

Objectif Consommation

L'efficacité, la productivité, conditions du progrès, y compris du progrès social, s'observent dans des sociétés où l'individu dispose d'une grande marge d'initiative. Pour progresser dans cette voie, il ne faut pas vouloir une chose et son contraire, il faut beaucoup d'exigences à l'égard de nous-mêmes. Car la société de responsabilité est la seule, aujourd'hui, qui puisse être efficace. En déclarant la guerre contre nos sept véritables ennemis, dans l'objectif de construire une société à la fois prospère, juste et pleinement intégrée dans la communauté des peuples et des nations, la Révolution du Bon Sens veut donner à l'économie nationale le socle de sa productivité. Celle-ci étant, à la fois, le baromètre de l'efficience du processus de production et la source principale de la croissance et de l'augmentation du niveau de vie. Il faut donc intervenir au sein de notre système de production pour limiter le développement des inégalités, maintenir la boussole éthique au cœur de la vie nationale, et susciter la floraison de citoyens émancipés en sciences, en vertus et en connaissances pour agir et fonctionner en synergie avec les valeurs, les pratiques et les exigences du troisième millénaire.

La notion de la consommation dans la doctrine de la Révolution du Bon Sens, c'est intervenir ainsi, en amont de l'activité économique, pour garantir aux Congolais un exercice effectif de leurs droits individuels, une réelle égalité des chances et une vie au quotidien dirigée par le désir de se former en permanence, d'entreprendre, de construire, d'inventer, de servir solidairement l'autre et de se dévouer pour la Patrie. C'est dans cette réconciliation de l'économique et du social que réside la condition d'une croissance durable. Réaliser concomitamment le progrès économique du pays et le progrès social des populations ramène l'action de l'Etat à privilégier l'édification des pôles intérieurs de développement et à bâtir à travers eux l'économie intérieure. Ainsi va s'émanciper l'économie nationale, les deux grandes composantes du développement étant le marché intérieur et les marchés extérieurs, qui doivent impérativement être interactifs. Voilà pourquoi il faut que objectif central du redressement national soit la croissance du marché intérieur au moyen de l'interaction de ces trois composantes :

- L'amélioration prioritaire des conditions de vie des Congolais par un essor de la demande intérieure dont la principale caractéristique devra être l'accès du plus grand nombre aux biens et services de base ;
- Le développement des économies populaires sur base de la politique nouvelle de croissance encadrée des micro-entreprises, des petits et moyens producteurs, tous mieux irrigués en monnaie et en crédit, tous mobilisés pour répondre à la volonté de produire, et d'innover, tous constitués en réseaux actifs et informés, conscients de leurs intérêts et décidés à les faire prévaloir ;
- Le développement des exportations en commençant par conquérir les neuf marchés frontaliers.

En se basant sur les principes de la production, de l'échange, et de la consommation, il devient manifeste que la Révolution du Bon Sens repose sur l'espoir d'une régénération révolutionnaire de l'homme et du corps social par le culte du bon sens. Cette régénération révolutionnaire est un sentiment fort, très intensément ressenti, qui plonge ses racines dans cette part muette du serment politique qui justifie notre bataille. Le serment de l'incorruptibilité, de la rectitude morale dans le comportement, de la noblesse civique dans l'action, du bon sens en tous lieux et en toutes circonstances. En prônant la hardiesse, l'imagination, le rêve et l'ambition dans la perspective, nous combattons l'imposture et la citoyenneté tiède. En préconisant la ténacité, la persévérance et l'humilité dans l'effort, nous refusons toute conscience politique situationniste, carriériste et routinière. Ce rejet intransigeant exprime l'authentique besoin militant de puiser aux sources mythiques du patriotisme dans l'espoir qu'à l'intérieur de nous puisse renaître un homme nouveau, habité par l'idée de sacrifice volontaire et exalté à la cause révolutionnaire du salut de la patrie, posée comme fin évidente et ultime de la vie de chaque Congolais.

Gouvernance intègre

Vigueur financière, intégrité budgétaire et rigueur de gestion

La Révolution du Bon Sens transcende les calculs partisans et se situe au cœur même des convictions et pratiques qui, ensemble, définissent une attitude, une façon d'être et une nécessité intimement ressentie de travailler comme des forcenés pour le salut de la patrie. Au centre de cet idéal régénérateur, dans sa version à la fois radicale et pure, siège la volonté de quitter les rives de l'utopisme béat pour affronter les difficultés concrètes qui accablent la nation congolaise. Le postulat selon lequel le politique ne peut pas être impuissant devant les souffrances du peuple en est la motivation basique. Elle retient tout aussi que le pari d'un développement à moteur externe étant une aberration, l'aide internationale au développement et tous les apports bilatéraux et multilatéraux iront à vau l'eau s'ils ne rencontrent pas cette volonté nationale planifiée et programmée d'éradiquer la pauvreté. En tout état de cause, la RDC a besoin de partenaires solides, attentifs à ses aspirations profondes et pleinement résolus à l'aider à entreprendre la mutation indispensable pour efficacement tirer profit de la mondialisation.

Il est donc possible de faire du Fonds Monétaire International et de la Banque Mondiale des véritables partenaires du redressement du Congo. Nous savons qu'il est possible que le F.M.I et la Banque Mondiale viennent en appui à un Programme d'Investissements Structurants (PIS), dont le fondement serait la coordination des apports exogènes dans une corbeille unique, pour aider le pays à conclure un pacte social avec le peuple, qui offrira à l'économie les infrastructures de sa prospérité, et à la société : ses écoles, ses hôpitaux, ses routes, sa salubrité, son appareil judiciaire, ses ports, ses aéroports, ses ponts, sa police citoyenne, son armée forte et républicaine, ses espaces de cultures et de loisirs, etc. La mise en place du dispositif d'inflation du développement comme impôt unique pendant trois ans donnera à la puissance publique les moyens d'envisager des investissements publics massifs, et cette vigueur financière interne sera le gage de la reprise de confiance dans l'économie nationale et permettra de réunir les conditions préalables du décollage économique national. Le principe d'intégrité et de rigueur sera impératif dans la mise en œuvre de l'inflation du développement. Le moindre franc du déficit budgétaire participera à la création de richesses et d'emplois. Pendant trois ans, aucune dépense politicienne, aucune dépense de prestige... Seul mot d'ordre budgétaire : chantiers, ateliers, usines, industries, entreprises... dans la gouvernance intègre.

Si la défaillance de la notion de bonne gouvernance réside dans la myopie dévastatrice de l'austérité budgétaire, qui entretient une croissance économique appauvrissante et se vante d'une stabilisation macro-économique comateuse, la gouvernance intègre donne une clarté nouvelle à la mission de la puissance publique, celle d'instance clé des interventions salvatrices pour l'accès effectif du peuple au mieux-être.

Loin des faux-semblants du réformisme superficiel qui proclame des victoires fallacieuses dans une sorte d'évidence partagée et sans qu'il soit nécessaire d'apporter plus de précision sur le sens des mots, qui se borne à mettre un peu de lubrifiant dans les rouages d'un système inhibiteur, il s'agit d'attaquer les problèmes à la racine. A quoi bon faire mine de traquer la corruption et promettre le développement lorsqu'on donne au policier, garant de la sécurité des hommes et de leurs biens, 10 dollars de salaire mensuel ? Peut-on se borner à corriger les effets d'une crise sans remettre en cause les situations qui la produisent ? Comment libérer le travail de son caractère asservissant, l'affranchir des formes de pénibilité qui brisent l'individu sans le récompenser comme il se doit, et restaurer dans chaque activité initiative, récompense et responsabilisation ? Comment faire pour que nos conditions d'existence cessent d'être ressenties comme une damnation sociale ? Comment inscrire en amont même de la production de réelles orientations sociales ? Comment donner à chacun les atouts concrets qui lui permettent de se sentir sujet de son existence et de former un projet de vie ? Comment reformer l'Etat et la société pour atteindre des objectifs communs en diffusant ressources d'action et libertés d'agir ? Ces questions sont au cœur des renouvellements politiques d'aujourd'hui. C'est à ce niveau que s'édifie la vision régénératrice supportant notre projet de société, qui lui-même encadre un programme de redressement national dont la conception et la réalisation soulèvent des questions de financement et d'ajustements comptables dont il serait évidemment irresponsable de sous-estimer l'importance. D'ailleurs, quel peut être le sens de discussions sur les moyens si elles ne sont pas sous-tendues par un projet social ?

Se rattachant à ce souci de subordonner l'activité pratique à l'activité réflexive, la Révolution du Bon Sens, en tant que projet d'amélioration de la vie commune, rompt avec la rhétorique accusatrice et dénonciatrice qui caractérise le discours politique congolais pour trouver une profondeur nouvelle, celle qui remettra la finalité humaine au cœur de la décision politique et les moyens financiers à leur place d'instruments. S'il est une vocation politique générale aujourd'hui, c'est bien de concevoir les moyens politiques, économiques et sociaux qui laisseront à tous, surtout aux plus faibles ou aux plus pauvres, des ressources pour agir dans ce monde nouveau et pour résister, individuellement et collectivement, aux avilissements qu'il induit. En un mot, c'est vouloir que chaque Congolais retrouve capacité d'agir et maîtrise de son existence.

Tant que l'action politique congolaise n'aura pas effectué cette recherche de cohérence, de profondeur et finalement de gouvernance intègre, le sous-développement du Congo ne cessera point de se développer. C'est donc à la fonction politique qu'il revient de juguler énergiquement la carence de moyens financiers. Cette fonction, en effet, relève des arbitrages sociaux courageux et des finalités économiques audacieuses, selon le postulat qu'il n'y a ni Etat riche, ni Etat pauvre... Il n'y a que les Etats qui savent enrichir leur société et ceux qui laissent leur nation s'appauvrir. Il est donc venu le temps d'arrêter de considérer la notion de la bonne gouvernance et son corollaire d'austérité budgétaire comme un talisman, alors qu'elle engendre tous les jours davantage de récession, entretient la stagnation économique, fixe la vie de la nation dans la pauvreté et l'inactivité, réduit les moyens de fonctionnement de l'administration publique à un niveau sans cesse bas. Voici, à la place, la gouvernance intègre, avec comme corollaire, la Vigueur économique dans l'intégrité financière et la rigueur de gestion. A la différence de la bonne gouvernance qui entretient la surchauffe artificieuse et la stabilisation fallacieuse, la gouvernance intègre cherche à donner à l'économie nationale les moyens de retrouver un équilibre de croissance qui conjugue progrès économique et progrès social, dans l'ambition de dépasser l'alternative inacceptable où l'on veut nous enfermer, entre l'appauvrissement continu des Congolais et un Congo condamné à ne plus quitter le sous-développement.

C'est dans l'inflation du développement et sur fond d'intégrité financière et budgétaire que la gouvernance intègre puisera sa vigueur. Sur le plan fiscal, pour libérer les entreprises du lacis d'une fiscalité qui empêche l'activité économique de naître ou de prospérer, une période de trois ans d'impôt zéro sera décrétée. Ainsi, l'enjeu majeur de la stabilisation économique cessera d'être l'austérité pour devenir une maîtrise de dépenses publiques permettant à toutes les activités créatrices de richesses de mieux s'approvisionner en moyens financiers et de se développer sans entraves. Il sera institué, au terme de ce moratoire, un nouveau système fiscal reposant sur la Taxe sur la Valeur Ajoutée, c'est-à-dire la mise en place d'un nouvel impôt qui procure de l'argent positif au Trésor Public, parce qu'il est avant tout un baromètre du rythme de la création de richesses. Cet impôt permettra une collecte statistique efficiente, notamment à travers un Produit Intérieur Brut qui mesure la valeur de tous les biens et services que l'économie nationale met en circulation dans le pays, ou encore l'ensemble des valeurs ajoutées produites par tous les acteurs économiques.

Cette reforme est impérieuse parce qu'en définitive, la fiscalité congolaise s'est implacablement ramenée à un aveugle empilement de dispositifs, qui décourage le désir d'investir, paralyse les entreprises, fait survivre les archaïsmes et compromet l'objectif du redressement économique et du progrès social.

Si je propose donc une vaste remise à plat de notre fiscalité, c'est pour retrouver une cohérence fiscale d'ensemble qu'on appellera Taxe sur la Valeur Ajoutée. Il ne suffit cependant pas de définir un nouveau regard et un cadre d'analyse permettant de singulariser une doctrine. Encore faut-il, sans entrer dans des développements qui dépasseraient l'objet de cette réflexion, montrer en quoi cela devrait déboucher sur des recommandations spécifiques et des politiques concrètes. Ainsi, l'inflation du développement, étant un impôt invisible, payé par tous, elle aura comme missions :

- Financer le Fonds National de Relance des Activités Vivrières (FONRAV) et asseoir les bases du développement durable ;
- Soutenir les activités de développement local initiées par les organisations paysannes, les associations de développement communautaire et les groupements de jeunes et de femmes. A cet effet, une démarche gouvernementale d'accompagnement et d'encadrement des porteurs de projets sera mise en œuvre ;
- Accorder des subventions directes en faveur des actions de développement émanant des communautés de base, d'institutions privées ou gouvernementales ainsi que des actions d'urgence ;
- Appuyer les initiatives innovantes, et faciliter l'accès aux ressources disponibles ainsi que leur exploitation optimale ;
- Renforcer les capacités opérationnelles des acteurs associatifs;
- Améliorer le savoir-faire congolais ;
- Accroître la capacité de l'économie congolaise à vendre à l'extérieur.

Nous l'avons déjà dit ! Si, de l'avis général, la bonne gouvernance est perçue comme un talisman économique, pour beaucoup, l'inflation est une conjoncture financière pathologique. Nous devons donc briser le caractère idéologique de la notion d'inflation, pour l'appréhender dorénavant comme étant avant tout un instrument de régulation de l'activité économique.

Cette inflation de développement sera donc un impôt pour soutenir la volonté intérieure de produire et d'innover, pour entreprendre l'amélioration des conditions de vie qui donne lieu à l'essor de la demande intérieure, pour mieux irriguer en monnaie et en crédit l'économie populaire dite informelle, pour forcer l'émergence d'un marché financier local permettant la mise à la disposition des investisseurs des fonds nécessaires au développement de la production et de l'exportation. Il sied, en l'espèce, de signaler la distinction éclairante qui existe entre les politiques économiques conjoncturelles que l'on privilégie assez souvent et qui n'agissent qu'à court terme sur la demande globale, et les politiques économiques structurelles qui gouvernent à long terme les évolutions fondamentales de la société. Il est ici question d'engager un dynamisme économique auto-entretenu, fondé sur une meilleure articulation entre la production et la consommation, où les ménages congolais vont consommer une part importante de la production des entreprises locales.

Quoi qu'il en soit, pour vaincre la pauvreté, il faut rendre possible une production de masse des biens accessibles à la majorité des consommateurs devant être des travailleurs salariés et bien rémunérés.

Cette dynamique n'est possible que si l'argent pour investir est non seulement disponible en masse mais aussi facile d'accès. Pourquoi ? Parce que chaque fois que la possibilité et la volonté de produire périclitent, la propension à consommer se dégrade, le niveau général de vie recule et la régression appauvrissante s'installe. Par conséquent, au lieu de recourir exclusivement à l'endettement extérieur qui coûte cher, qui est libéré à très petite dose, qui déresponsabilise l'Etat et qui infantilise la République, qui supprime l'usage de la raison critique et le recours au débat au profit des logiques d'expertise internationale péremptoire, nous proposons la Gouvernance Intègre, en préconisant l'endettement intérieur sous forme de crédit sain par le déficit budgétaire industrialisant, et son articulation opératoire : l'inflation du développement.

Le pari est simple : dans l'intégrité de l'action politique, dans l'intégrité de l'homme d'Etat, en intégrant la recherche du bien-être de l'individu congolais comme raison d'être de l'économie nationale, l'austérité budgétaire doit s'arrêter devant tout ce qui est primordial pour que le citoyen congolais vive mieux et longtemps.

Nous voulons méthodiquement combattre les causes des cycles récessifs par l'instrument monétaire et budgétaire, en soutenant programmatiquement toute création d'emplois, en s'efforçant de conserver l'argent généré par l'économie nationale au-dedans du pays, en empêchant qu'il en sorte afin que de l'investissement au réinvestissement se réalise enfin le redressement économique et social du Congo. Voilà pourquoi la mise en pratique de la Gouvernance Intègre se fera par l'inflation du développement, qui fonctionnera comme impôt unique, comme outil de régulation de la conjoncture, comme moteur d'une croissance industrialisante et créatrice d'emplois.

Les trois premières années de la Gouvernance Intègre seront déclarées la Marche des Sacrifices pour éradiquer la pauvreté. Cette marche n'est aucunement dogmatique, elle vise le renouvellement de la base productive de l'économie nationale. Il faut donc opérer une réduction drastique des dépenses administratives. En effet, pendant ces trois ans : aucun voyage à l'étranger, ni du Président, ni des ministres, ni des mandataires publics. Pas de célébration des fêtes nationales, aucune manifestation officielle, aucune jouissance populaire aux frais de l'Etat... Aucune dépense politicienne, aucune dépense de prestige, pas de conférence, pas de séminaire, un seul mot d'ordre : la caisse de l'Etat et tous les francs du Trésor public pour l'usine, pour l'industrie, pour l'entreprise, pour le bateau de pêche, pour l'hôpital, pour l'école, pour le champ, pour la route, pour l'hygiène publique, pour les ports, les aéroports et les ponts...

Le temps est venu d'exorciser l'immobilisme gestionnaire et l'appauvrissement bureaucratique qui compromettent les chances du Congo et hypothèquent son avenir. Le bon sens enseigne que ce qui donne du travail, ce qui élargit la base productive d'un tissu économique, ce sont des projets de particuliers, financés par l'échange et par le crédit, complémentaires les uns des autres, qui aboutissent à la production des biens et des services librement échangés contre d'autres biens et services, et ce, dans un contexte où l'Etat mène courageusement une politique monétaire active visant le développement de la production.

Il n'est pas vain de répéter ici ce qui constitue un chemin d'évidences. Il n'y a pas de croissance et de création d'emplois sans entreprises prospères, sans industries florissantes, sans entrepreneurs motivés et sans capitaines d'industries soutenus. Il n'y a ni emplois durables ni relance économique ni progrès social sans financement volontariste de l'économie nationale. Il n'y a pas de financement volontariste de l'économie nationale sans assainissement des dépenses publiques. Il n'y a pas d'assainissement des dépenses publiques sans réforme audacieuse de l'Etat.

C'est dans cet état d'esprit que se décline le concept de Gouvernance Intègre, avec comme principal défi : redonner aux

Congolais l'envie d'entreprendre, de travailler et d'investir. Il faut, pour cela, réformer en profondeur et notre fiscalité et notre droit du travail. C'est quand on desserre les freins que la vitesse devient possible.

Premier objectif :
La mise en place d'un Programme National d'Investissements Structurants.

Crispin Malingumu dénonce : « *Depuis la promulgation du décret 065/2002, consacrant la création de l'Anapi (Agence Nationale de Promotion des Investissements) jusqu'en octobre 2005, le montant global des investisseurs agréés par l'agence s'élève à 5.316.029.115 dollars américains pour un total de 314 projets devant engendrer 50.000 emplois... les services constituent 82,9% du volume global des investissements agréés...une troisième disparité est celle de la localisation des projets dans la ville de Kinshasa, la province du Katanga et celle du Bas-Congo. Ces trois provinces ont accaparé 90% des projets d'investissements agréés...* »[1] 50.000 emplois seulement sur trois ans dans un pays où 98% de la population active chôment... où près de 84% de la population survivent à la limite de la dignité humaine, avec seulement 0,30 dollars par personne et par jour, bien loin en deçà du seuil de pauvreté fixé à un dollar par jour et par personne... On comprend mieux pourquoi le rapport du Ministère du Plan de novembre 2004 sur le *Programme Minimum de Partenariat pour la Transition et la Relance* note et souligne que si le Congo continue à être géré comme c'est le cas aujourd'hui, « *avec un taux de croissance économique de 4%, il faudra attendre 200 ans pour retrouver le niveau de PIB par habitant de 1960* ».

Je refuse cette défaite... Nous n'avons plus le droit de regarder passivement notre société sombrer chaque jour davantage dans le chaos, en suivant obstinément les thérapies fanées de l'austérité budgétaire, de la lutte contre l'inflation, dont les recettes planifient le suicide national, en commençant par anéantir l'homme, puisque l'austérité et la lutte contre l'inflation interdisent toute politique de

---

[1] Malingumu Crispin Syosyo, Assistant Unikin et Enap, *Chronique des investissements au Congo-Kinshasa de 2003 à la fin octobre 2005 : un développement à double vitesse*, article in : *Potentiel* n°3667 du 7 mars 2006, Kinshasa.

santé publique, toute reforme de l'éducation et tout financement public salutaire pour ce peuple déjà privé de tout.

La mise en œuvre du Programme National d'investissements structurants par le système de déficits budgétaires industrialisants exprime l'ambition de bâtir un socle d'infrastructures séminales pour mettre en route le processus de développement des forces productrices du Congo.

Les buts du programme sont :

- Mettre sur pied un système coordonné de décision d'investissements, dont le socle sera un plan de mise en bon ordre du travail productif du capital humain et physique du pays.
- Conjuguer la croissance de l'emploi avec un renforcement d'une base de biens d'équipement.
- Développer les capacités congolaises d'adaptation, de réparation et d'ingénierie pour soutenir une industrialisation capable de remplacer progressivement mais résolument les importations par des productions locales.
- Engager des travaux publics de grande ampleur, absorbant le maximum de main-d'œuvre, qui ne soient pas des programmes de création fantaisiste de travail mais qui aboutissent à la création de richesses productrices sur une grande échelle.
- Améliorer l'efficacité des processus de production en privilégiant le déploiement des industries industrialisantes, des industries génératrices d'autres industries : l'agro-industrie, la métallurgie, la pétrochimie, l'armement, l'aéronautique.
- Hisser de manière volontariste, au niveau africain, des groupes industriels congolais puissants et promouvoir dans le pays le plus possible d'entreprises moyennes et familiales dynamiques.

L'idée, ici, c'est de donner, grâce à l'inflation du développement et au principe de gouvernance intègre, une perspective concrète à l'objectif de pleine activité des forces de production et de création, dans des conditions totalement nouvelles. Par cette orientation révolutionnaire, nous prouvons qu'avec de l'imagination et de l'audace, nous pouvons réaliser ce que beaucoup jugent impensable et donc n'osent même pas imaginer. Ces propositions ont été soigneusement pesées et des calculs sérieux ont été faits. Nous innovons par les idées et restons fermes sur les principes. Il s'agit là d'une orientation historique pour notre pays. Victor Hugo aurait dit : *« Rien n'a plus de force qu'une idée qui vient en son temps ».*

Deuxième objectif :
Entreprendre un nouvel agencement territorial

Plus de district ethnique. Cap sur les Districts Industriels, érigés comme « Pôles Economiques Structurants ». Plus de village figé dans le farniente traditionnel. Cap sur le Village Agropastoral comme prodrome de la productivité nationale. Le but est d'introduire tout espace de vie nationale dans le cycle de travail productif et dans le jeu de la spécialisation et de l'échange structuré. Les Districts Industriels et les Villages Agropastoraux vont entreprendre une coordination de l'activité économique consistant à mieux préparer les hommes, à bien agencer les ressources, district par district, village par village, en vue de réussir une intégration économique soutenue par une gestion méthodique et rationnelle de toutes les potentialités productives du pays, de tous les espaces du Congo, de tous les bras et cerveaux du Congo.

Travailler à corps perdu pour un Développement au pas de course

« Aux maux désespérés, il faut des remèdes désespérés, ou il n'en faut pas du tout », a prédit Shakespeare dans *Hamlet*. Pendant trois ans, aucun voyage à l'étranger, ni du Président, ni des ministres ni des mandataires publics. Pas de célébration des fêtes nationales, aucune manifestation officielle… Le moindre franc du Trésor public doit utilement et impérativement servir l'élimination de la pauvreté et participer à la création de richesses et d'emplois. Objectif : devenir, dans 15 ans, la première puissance agricole de l'Afrique au Sud du Sahara. Les atouts sont exubérants, reste une chose et une seule : une volonté ferme, tenace et résolue de se mettre au travail, sans faiblir et sans répit, de manière systémique et programmatique. Et cette

marche des sacrifices poursuivra quelques autres objectifs à court et à moyen terme, à savoir :

- Introduire tout espace de vie nationale dans le cycle de travail productif et dans le jeu de la spécialisation et de l'échange structuré.
- Faire en sorte que les citoyens cessent de faire semblant de travailler, et qu'ils travaillent dorénavant pour consommer, pour acquérir des biens produits par une économie qui distribue des pouvoirs d'achat, et qui soit ordonnée vers la consommation intérieure, où la production devra d'abord se développer en vue de satisfaire les besoins réels des travailleurs.
- Développer la capacité créatrice du peuple congolais, en l'amenant à produire des biens en quantité plus grande et de qualité meilleure, en orientant le plus possible l'effort productif vers le travail spécialisé, vers la recherche de la valeur ajoutée.
- Soutenir une croissance économique créatrice d'emplois et de nouveaux mécanismes pour construire la cohésion sociale, tout en répondant au besoin de sécurité.
- Permettre l'avènement d'un environnement fiscal et réglementaire favorable à la création d'entreprises et à l'initiative.
- Ramener la notion de la gouvernance intègre dans des entreprises, en vue de promouvoir la politique de salaires décents.
- Susciter, encadrer l'essor de l'activité associative productrice.
- Rendre possible la lutte contre la contrebande, la spéculation, la thésaurisation, la fraude, la corruption et conquérir les marchés africains.

Le triennal de la sécurité alimentaire

3 ans pour en finir avec la faim

Vaincre la faim, en trois ans, comment s'y prendre ? Comment adapter la production des biens aux besoins de la population ? Comment déterminer ce qu'il faut produire, en quelle quantité et par quels moyens ? Sachant que l'existence ou non de possibilités d'échanges porteurs détermine l'intérêt de produire pour le commerce ou pour l'autosubsistance, et que le prix des facteurs de production conditionne la façon dont on produit, comment enraciner un système d'échanges meilleur marché entre l'outil de production, le pouvoir d'achat du paysan, et la facilité d'évacuation des marchandises ? Comment convaincre le paysan de la nécessité de modifier ses pratiques agricoles, par l'usage des engrais, des tracteurs... en lui garantissant que ces *"inputs"* seront régulièrement présents, et à des prix compatibles avec ses disponibilités financières d'échanges ?

Toutes ces questions sont très urgentes et ne peuvent être esquivées ! Si nous retenons, dans notre hiérarchie de priorités, la production alimentaire, c'est parce que l'essor agricole prime et conditionne le démarrage industriel, et que la *sécurité alimentaire,* non seulement englobe la production, la distribution des vivres et la satisfaction des besoins alimentaires de base, mais aussi et davantage, concourt à l'amélioration des conditions d'hygiène, de santé et d'éducation du citoyen. Par conséquent, notre politique alimentaire sera fondée sur une intégration simultanée de l'agriculture, de l'environnement, de la santé publique, de l'éducation nationale et de la croissance économique.

Quels sont les aléas qui, aujourd'hui, gangrènent l'activité agricole?

- La faillite du système bancaire et l'inexistence de réseaux d'allocation de crédits.
- La dégradation des infrastructures de communication et de transport : manque de moyens d'évacuation des produits vers le

marché, et inversement, difficile approvisionnement des biens d'équipement et carburants en zone agricole.

- Ruine de l'autorité de l'Etat, instabilité institutionnelle et administration encore spoliatrice.
- Absence totale d'une politique de lutte contre les grandes épidémies végétales et animales, mépris de la recherche agronomique, inexistence de brigade de surveillance de la qualité des produits et des circuits de distribution d'intrants agricoles.
- Pénurie de la main-d'œuvre qualifiée, coûts prohibitifs des pièces de rechange.
- Absence d'intérêt et de motif pour l'agriculteur de produire au-delà de l'autosubsistance.
- Massification urbaine et désertification rurale.

Une question : le Congo peut-il en sortir ?

Redressons d'abord les statistiques pour mieux fixer le chantier du redressement national.

1. Notre pays, c'est 135.000.000 d'hectares de terres propices à l'activité agricole. Mais seulement 10% de ces terres sont mises en valeur, dont 3% en culture vivrière et 7% en élevage. Les rendements moyens de la production agricole vivrière sont d'une étonnante faiblesse :

- Manioc : 7,0 tonnes à l'hectare par an (72% de la production vivrière totale, 15 959 055 tonnes en 2000) ;
- Maïs : 0,8 tonnes à l'hectare par an (4% de la production vivrière totale, 1 183 999 tonnes en 2000) ;
- Riz : 0,8 tonnes à l'hectare par an (2% de la production vivrière totale, 337 800 tonnes en 2000) ;
- Banane plantain : 4,5 tonnes à l'hectare par an (8% de la production vivrière totale, 537 183 tonnes en 2000).

Comment comprendre cette faiblesse ? La consommation d'engrais est de moins d'un kg à l'hectare contre 3 kg au Cameroun et 5kg au Congo-Brazzaville. La consommation annuelle totale d'engrais au Congo représente en quantité 25% de celle du Sénégal, 20% de celle du Kenya et 14% de celle du Nigeria. Le budget effectivement alloué au secteur agricole atteint difficilement 3% du budget global de l'Etat. Comble de paradoxes : 80% du budget ordinaire de l'agriculture sont consacrés aux salaires de l'appareil administratif.

2. Les plans d'eaux du Congo, c'est 3,5 % de la superficie du territoire national, avec un fleuve Congo qui mesure 4.374 km et un réseau de 16.238 km de voies navigables. Ce qui forme un périmètre liquide national de 86.000 km^2 (deux fois et demie la superficie totale de la Belgique), et un potentiel halieutique de 1.000.000 tonnes de poissons par an. Les besoins nationaux en poissons sont estimés à 850.000 tonnes par an. La production nationale de poissons n'a jamais dépassé 150.000 tonnes par an. Combien de temps pour s'équiper en chalutiers, en bateaux de pêche, en infrastructures de base indispensables pour une pêche industrielle ? Vingt mois suffissent pour que le pays s'équipe en infrastructures de base pour une pêche industrielle capable de permettre au Congolais de consommer 21 kg/an de poisson, selon ce que recommande l'OMS, alors qu'il n'en consomme aujourd'hui que 5 kg/an et par personne.

3. La terre du Congo, ce sont des prairies qui couvrent 8.000.000 d'hectares. Elles peuvent héberger un élevage de 30 à 40 millions de têtes de bovins. En 1950, le pays avait produit 2.500.000 têtes de bovins. Depuis l'indépendance, l'élevage dans notre pays n'a guère produit plus de 2.000.000 de têtes de bovins par an. Nos besoins en viande s'élèvent à 1.512.000 tonnes par an. Les dix dernières années, le tonnage de viande produite a oscillé entre 70.000 et 90.000 tonnes. En combinant l'élevage volontariste et la chasse professionnelle, en trois ans, nous pouvons relever le défi de la viande en quantité suffisante pour tous.

La victoire sur la faim est donc possible, en trois ans. Ce défi sera relevé. C'est une question de décision, de volonté et de détermination.

Le tout premier but de l'industrialisation naissante sera donc de se servir et de servir l'agriculture. Cette relation de réciprocité industrielle permettra un accroissement de la productivité agricole qui devra déboucher, à court terme, sur une augmentation du pouvoir d'achat de l'agriculteur, moteur de la demande à venir et donc de la nécessité accrue d'avoir recours à la mécanisation pour une production agricole optimale.

Or cette nécessité croissante des machines et des engrais recommande le développement du secteur énergétique, qui devra permettre une naissance féconde de l'industrie sidérurgique, laquelle conditionne la floraison de l'industrie métallurgique. Ainsi l'industrie mécanique et celle des machines-outils pourront valablement servir non seulement l'agriculture mais toute l'économie. Voilà ce que nous préconisons comme schéma concret de l'industrialisation du Congo.

Quand on a un pays dont le potentiel énergétique est estimé à 100.000 MW, soit 13% du potentiel hydroélectrique mondial, trois ans suffisent pour réussir la sécurité alimentaire et démarrer le processus de développement intégral, bien que l'ensemble de la puissance installée ne soit que d'environ 2,5% du potentiel total. Et c'est toute l'ambition de la Révolution du Bon Sens ! Pour soutenir cette tension vers l'effort, nous proposons la création d'un Fonds National de Relance des Activités Agricoles Vivrières, en sigle FONRAV.

La question de la création de ce Fonds nous ramène à celle du regain de la productivité du travail. C'est-à-dire une orientation économique générale qui dépasse les cadres stricts de l'activité économique pour devenir un problème politique : celui des choix économiques pour une meilleure gestion de la société. Les besoins du pays, dont la solvabilité est certaine, sont essentiellement alimentaires. Le choix s'impose d'évidence : accorder à l'économie la possibilité nouvelle de produire les biens alimentaires en masse et à bon marché. Le décollage de la croissance économique, basé sur la production agricole, doit aussi avoir son instrument de mesure : des encaisses-produits agricoles (les EPA), par exemple.

Il sera question de monétiser des stocks de produits agricoles, et d'en valoriser le marché. Le FONRAV établira les encaisses des stocks de marchandises qui font la réalité de la demande intérieure, et sur quoi l'industrialisation agroalimentaire et la production agricole devront s'appuyer.

Le FONRAV va rompre avec les règles financières classiques. Ce mécanisme de soutien de l'action agricole se focalisera sur un certain nombre de produits-clés, provenant de l'agriculture, de la pêche et de la chasse.

7 objectifs

1. Soutenir la production et les activités de développement local initiées par les organisations paysannes, les associations de développement communautaires et les groupements de jeunes et de femmes.
2. Assurer le service de stabilisation des prix.
3. Garantir l'enlèvement des produits-cibles.
4. Faciliter le rendez-vous de l'offre et de la demande des produits vivriers.
5. Appuyer les initiatives innovantes et faciliter, à l'échelon local, l'accès aux ressources disponibles ainsi que leur exploitation optimale.
6. Accompagner le déploiement des Districts industriels et la mise sur pied des Villages Agropastoraux.
7. Renforcer la capacité de l'économie à répondre aux besoins internes de consommation et à vendre à l'extérieur.

La Révolution agricole par le FONRAV

Tout marché concurrentiel n'étant pas régulé spontanément, le FONRAV va proposer un système de régulation mettant en place un faisceau de corrections spécifiques, pour mieux organiser le passage de la distribution informelle à la distribution conforme aux règles sociales de la République. Evoquons la procédure.

- L'Etat gratifie le FONRAV de l'autorité de contrôle du marché national de produits agricoles, estimés stratégiques pour la sécurité alimentaire.
- Le FONRAV dresse la carte agricole nationale, selon les caractéristiques agraires des Groupements agricoles, et donne à chacun d'entre eux des vocations productives spécifiques (type de production vivrière, élevage, pêche, industrie agroalimentaire, commerce des produits agricoles…)

- Le FONRAV s'équipe en silos, en entrepôts frigorifiques et en tout autre outil idoine pour un stockage fiable, pluriel et durable et l'enlèvement prompt des produits.
- Le FONRAV suscite, encourage, accompagne et soutient l'émergence de l'industrie de conservation et de conditionnement des denrées alimentaires.
- Le FONRAV encadre et protège l'exportation des produits agricoles, en privilégiant les différents marchés congolais des denrées alimentaires établis à l'étranger.
- Le clou de l'opération ! Le FONRAV procède à des achats à un prix-plancher, qui bonifie le travail de la population agro-rurale. Et inversement, le Fonds se réserve l'opportunité de vendre lorsque les cours atteignent le prix-plafond, de manière à maintenir le commerce des produits agricoles dans un couloir de prix qui stimule le développement des activités agricoles sans pénaliser la consommation, tout en servant de bouclier national vis-à-vis des incursions des produits agricoles étrangers productibles localement. Exemple, le « *fufu* » : denrée alimentaire retenue comme prépondérante par le FONRAV, parce qu'essentielle dans le système nutritionnel national. Si les cours du « *fufu* » baissent, le FONRAV achète, constitue des stocks pour protéger la production et le secteur. Les achats du FONRAV se font en *Accès aux Crédits Agricoles Spéciaux* (A.C.A.S), disponibles aux guichets des institutions bancaires mobilisées dans le cadre du Triennal de la sécurité alimentaire. Cependant, un impératif : l'A.C.A.S. dont la somme formera une sorte de monnaie de réserve, doit toujours correspondre aux stocks stabilisateurs, avec une composition vérifiable et fréquemment rendue publique. Si par contre les cours du « *fufu* » montent, au-dessus du plafond, tel qu'estimé par le FONRAV, en accord avec l'Etat, le FONRAV revend les stocks emmagasinés précédemment. Elle recouvre, ainsi, les A.C.A.S. émis autrefois. La création des lignes A.C.A.S., mais aussi leur résorption, seront toujours un effet de la conjoncture. La régulation des cours s'accompagnera toujours de la régulation de la conjoncture. Le FONRAV ne retiendra que les produits qui font l'objet d'un commerce effectif. Tout reposera exclusivement sur la réalité économique la plus concrète. Les interventions pour empêcher les baisses brutales ou les hausses

excessives seront toujours dictées par cette conjoncture elle-même, et c'est toute la raison d'être du FONRAV.

- Chaque marchandise aura sa valeur propre, en fonction du volume des récoltes, par rapport à l'importance de la demande des consommateurs, mais aussi et surtout celle des unités de traitement industriel. Mais l'indice composé des cours de chacun des produits, considéré comme représentatif de la conjoncture économique nationale, doit être stabilisé. C'est à cette stabilisation que seront suspendus et la valeur de la monnaie et la croissance de l'économie nationale. Admettons que les stocks réalisés par le FONRAV ont suscité un regain d'activités agricoles. La population agro-rurale aura trouvé, en raison de son revenu bonifié, un réel motif d'accroître sa production. Le dispositif bancaire d'emprunts faciles et à faible taux d'intérêts permettra l'acquisition des outils conséquents. De cycle en cycle, la production ira en s'accroissant. Avec elle, d'abord, la valeur de la monnaie, ensuite le désenclavement de l'espace rural, et enfin l'émergence d'un marché intérieur sur quoi l'économie pourra, à terme, s'appuyer pour exporter. L'économie aura acquis un instrument fiable qui traduira fidèlement les variations du commerce intérieur, en volume et en valeur.

Nous cherchons un étalon qui redonne à la monnaie un statut apte à inspirer un sentiment profond de confiance et de sécurité.

Cet horizon conditionne un réel décollage de la croissance économique du Congo. Par conséquent, il faut insérer dans l'édifice monétaire, la logique et l'ordre qui lui font scandaleusement défaut aujourd'hui. Le cynisme semble avoir pris pignon sur rue dans le commerce congolais. On spécule à volonté. On joue sur la rareté des marchandises rien que pour accroître des profits que l'on place aussitôt sur des comptes à l'étranger. Lorsque les Congolais affament les Congolais, alors que les hommes vivent en communauté pour préserver la vie ; nous sommes, au Congo, en proie à une crise de bon sens qui interpelle la particularité humaine que nous représentons. Les terres arables attendent, à foison. La population agro-rurale ne demande que stabilité, sécurité et prix rémunérateur. Les bras adultes, innombrables, sont aux aguets. Ne cédons pas à la tentation de la désertion historique. Le sens que doit prendre le développement ne peut pas être indépendant de notre capacité de réflexion et d'action. Nous devons retrouver en nous-mêmes les ressources et les axes de notre développement individuel et collectif.

Pourquoi l'étalon agricole ?

Il est nécessaire de lier la question de la pleine activité économique à celle de l'équité des changes. C'est à dire la question de la relation entre l'accroissement durable de la richesse et la répartition équitable de cette richesse. La monnaie congolaise, en réalité, n'a jamais été convertible. Or la « crédibilité » d'une monnaie réside dans l'acceptation générale. Ce qui implique la confiance dans les trois principales fonctions de la monnaie : intermédiaire dans les échanges; mesure de valeur des biens et instrument de thésaurisation. L'inconvertibilité de la monnaie congolaise, par conséquent, veut dire que l'avis général a conscience du caractère aussi superficiel que superfétatoire de la monnaie, en ce sens qu'elle n'assure pas les trois missions traditionnelles d'une monnaie nationale. L'Etat devrait officiellement redéfinir la monnaie, autrement que par sa capacité dite traditionnelle à être échangée contre un certain poids d'or. Mais, faute de pouvoir maintenir une encaisse-or suffisante pour garantir la monnaie en circulation, l'Etat a fait le choix de la survie artificielle d'une monnaie inconvertible, gagée par une encaisse-or rattachée au dollar américain. Par ce biais, l'Etat croit pouvoir rejoindre la logique économique en arrimant la monnaie nationale à la seule monnaie acceptée au niveau international. Or, la présence économique congolaise sur le marché international est plus que dérisoire. Il faut donc, là aussi, rétablir l'équité, en mettant la monnaie à l'aune d'un étalon dont la régulation et le marché œuvrent au centre des activités économiques du pays.

Les avantages du FONRAV

L'Etat ne se contentera plus de gérer les trésors publics, mais plutôt de mobiliser les moyens publics pour satisfaire les besoins des populations. Le principe FONRAV de prix agricoles uniformes impliquera un niveau général des prix, lequel assurera, à son tour; un revenu suffisant aux agriculteurs. Cette structure de prix visera cinq buts :

1. le prix garanti des produits agricoles doit être le même pour tous les producteurs ;
2. le marché agricole sera régulé en fonction des besoins et de la demande, en garantissant un auto-approvisionnement suffisant pour les matières agricoles essentielles et dans les domaines où la production peut, à terme, croître rapidement et se révéler compétitive sur le marché mondial ;
3. entre les prix payés par les consommateurs et les prix perçus par les producteurs, le FONRAV s'emploiera à fixer le prix d'équilibre par l'amélioration des circuits de distribution, lesquels jouent un rôle important dans la hausse des prix ;
4. la préférence agricole nationale que le FONRAV va promouvoir se traduira par une taxe d'entrée grevant l'importation alimentaire, en vue d'encourager et protéger les transformations et le développement de l'agriculture par une discrimination positive devant mettre l'essor agricole national à l'abri d'une concurrence préjudiciable ;
5. la création d'un observatoire du développement, doté de réels pouvoirs de conseil, d'arbitre, d'initiative, et dont les missions prioritaires seront :

- Veiller sur l'intégration Agriculture - Environnement - Désenclavement rural - Progrès social - Croissance économique.
- Rappeler la nécessité des mesures de salubrité, de propreté individuelle, nettoyage des rues, gestion rationnelle des immondices.
- Favoriser l'accès à une alimentation suffisante, équilibrée et régulière des populations, contribuer à élever le niveau de vie et de formation.
- Susciter des campagnes de lutte anti-érosive, prospection et reboisement des forêts.
- Préserver les écosystèmes, gestion responsable des ressources naturelles, rénovation rurale et urbaine, dans le respect des équilibres écologiques.
- Remettre en état des réserves de faune et de flore (parcs, réserves de chasse, forêts classées, sites touristiques...)

- Participer activement à la connexion des centres de production avec les centres de consommation, par une politique volontariste de désenclavement rural et de rénovation urbaine.
- Inciter les institutions de crédit à permettre aux agriculteurs d'avoir un accès bon marché aux outils et matériels agricoles nécessaires, et privilégier l'investissement vivrier.
- Faire en sorte qu'il se mette en œuvre une infrastructure médico-sociale dans des zones de grande production vivrière.
- Faciliter la fourniture des semences, des boutures et géniteurs sains.
- Constituer une police phytosanitaire et vétérinaire de détection, d'intervention et de répression.

L'importance de cet Observatoire est capitale. Aujourd'hui, les avantages naturels du pays sont en danger de destruction :

- le Mayumbe subit un dépérissement sans précédent de son potentiel forestier ;
- les savanes surexploitées du Bas-Congo s'appauvrissent à rythme inquiétant ;
- les arbres de savane et de forêt qui, naguère, ceinturaient Kinshasa disparaissent ;
- les feux sauvages et la jachère éphémère rongent la forêt équatoriale.

Le Pays méprise son patrimoine forestier, le détruit par inadvertance, par négligence, bien que la forêt congolaise couvre environ 880.000 km^2, avec deux grandes zones en exploitation : le Bas-Congo (1 000 000 d'hectares surexploités) ; et la zone Bandundu - Cuvette centrale encore très peu exploitée (12 000 000 d'hectares pour le Bandundu et 40 000 000 d'hectares pour la province de l'Equateur). D'après les données de la FAO, notre pays est la nation d'Afrique centrale la plus touchée par la déforestation, avec 3.701.000 hectares perdus de 1990 à 1995, et une consommation de bois de feu estimée à près de 65 000 000 de m^3 par an. Une politique de reboisement doit être préconisée, sous la férule de l'Observatoire du développement, et axée sur :

- L'enrichissement des forêts en essences précieuses ;
- La protection de la petite savane périurbaine et des forêts marginales ;
- La plantation d'essence à croissance rapide pour faire face à la demande exponentielle du bois de feu et du charbon de bois ;
- La rotation des coupes sous surveillance d'une brigade forestière.

Outre le volet écologique, l'Observatoire doit favoriser une promotion sélective de l'investissement agro-industriel, là où se réalisent en même temps des programmes de formation, de progrès rural intégré, et la mise en œuvre de quatre Zones d'Action Agricole Prioritaire (ZAAP), instituées comme axes-moteurs du Triennal de la Sécurité Alimentaire.

L'axe Sud-Est

Production-pilote : maïs industriel, manioc, courges, tomates, bananes, légumes divers, autres fruits. Aviculture périurbaine, élevage bovin grâce à ses hauts plateaux, son climat et sa végétation (Marungu, Muhila, Kundelungu, Biano...) Pêche : le Katanga est la province la mieux dotée en lacs poissonneux. Les estimations des années 80 indiquaient un potentiel de production d'environ :

140.000 tonnes par an de poisson frais sur les lacs Tanganyika

25.000 tonnes par an sur les eaux du complexe Luapula-Moero

22.000 tonnes par an sur le complexe Luapula-Upemba (Haut-Lomami)

5.625 tonnes par an sur le lac Mwadingusha (Lualaba)

2.800 tonnes par an sur le lac Nzilo.

L'axe Kivu

Le Nord et le Sud Kivu forment une zone agricole de première importance. Kivu est premier producteur de pomme de terre (80% de la production totale du pays). Il est premier producteur d'eleusine (60% de la production totale). Deuxième producteur d'oignons après le Bas-Congo. Autres productions : blé, orge, sorgho, riz, haricots secs, canne à sucre, pois secs, colocases, coton-graine, arachide, sésame, poivrons-piment, huile de palme... Le Kivu est l'un des grands centres d'élevage du pays. Cheptel bovin en 1970 : 166.000 têtes. Volaille : 202.000 têtes sur 530.000 têtes pour l'ensemble du pays.

C'est le 4ème centre de pêche après le Katanga, le Bas-Congo et l'Equateur : 21.000 tonnes de poisson frais en 1970. Le lac Kivu recèle un potentiel de 25.000 tonnes de poisson par an.

L'axe Sud-Est

Productions cibles : riz, manioc, canne à sucre, patates douces, oignons, arachide, banane plantain, blé, millet, sorgho, orge, eleusine, autres fruits et produits maraîchers. Le Bandundu est premier producteur national de maïs. Il est le premier centre de production des tubercules, avec une production annuelle de 2.400.000 tonnes environ. L'élevage dans le Bas-Congo a représenté 150.000 bovins en 1970. La pêche : 25.000 tonnes de poisson frais (1/5 de la production totale en 1970). Le lac Maï-Ndombe dans le Bandundu a un potentiel de production de 10.000 tonnes de poisson frais par an.

L'axe Nord

L'Equateur est l'un des grands centres de production du riz (Bumba et Ubangi). Il est le premier centre de production de l'huile de palme et de l'huile de palmiste. Autres productions : maïs, sorgho, arachide, café robusta, hévéa, patates douces, ignames, oignons, colocases, cultures maraîchères...

Districts industriels

Pôles économiques structurants

Les éléments de la connaissance des provinces sont dispersés, inégalement étudiés. Ce qui interdit de tracer un tableau précis de l'évolution nationale par une participation concertée des provinces. La cause profonde de cette absence de connaissance exhaustive des provinces est l'inexistence du marché national. Or le cœur de l'économie ne doit se situer nulle part ailleurs qu'à l'intérieur du pays, et l'activité économique prépondérante doit se jouer essentiellement dans les échanges de proximité, du quotidien. Loin de sous-estimer l'importance du commerce extérieur, il faut souligner que l'activité économique tournée vers l'extérieur ne peut exercer un effet d'entraînement sur l'économie nationale que lorsque l'offre intérieure est compétitive.

Qui plus est, la compétitivité de l'économie nationale dépend aussi bien des ressources naturelles et immatérielles, des potentialités énergétiques et géologiques, que de la nature du contrat social, de l'ordre juridique, du système fiscal et de l'organisation politique. Tous ces paramètres s'imbriquent et irriguent l'efficacité de l'économie nationale. Notre économie est exsangue de tous ces éléments. Il faut donc formuler des alternatives valables, et mettre en œuvre des finalités nouvelles de la société.

On mesure le développement d'une société par la perfection des objets que ses citoyens manipulent, par la lutte qu'ils mènent contre l'idée de laisser aller les choses et de s'en remettre passivement à la fatalité. Ainsi, les mentalités et les habitudes se forgent en fonction des nécessités des rapports de production, de travail, d'organisation matérielle, sociale et spirituelle. Ceci nous conduit à dire que le travail devra demeurer à la fois le point de repère de l'organisation de notre société, et le facteur essentiel d'identité personnelle et d'insertion sociale. La mise en œuvre des Districts Industriels suppose que l'Etat réorganise la société et élabore son action en fonction des besoins et désirs des populations, que le système économique ajuste la population active à la demande de produits et de services. Ce faisant, le sens de l'économie, sa finalité, ses objectifs, sont orientés vers un champ particulier : celui de la production, des échanges et de la consommation. Ceci implique que la structure sociale dans son ensemble soit prise en compte. On ne peut donc plus analyser l'économie comme une science plutôt séparable des autres sciences humaines. Une partition de ce genre déroute la compréhension des phénomènes économiques réels, qui se déploient au quotidien.

Selon une formule consacrée, la République Démocratique du Congo a été baptisée scandale géologique. Congo, pays riche, est devenu un slogan creux. Or les ressources naturelles, qui ne coûtent ni fatigue, ni temps, ni organisation, ne sont pas faites pour être consommées. Elles interpellent la propension nationale à produire la valeur ajoutée. Le problème de la République Démocratique du Congo est là! La toute première force d'une économie nationale réside dans le nombre et la qualité des explorations que les natifs du pays exercent d'abord sur leur environnement national, et ensuite sur la planète entière.

Plus la connaissance de ces deux espaces est large, plus une conscience s'affirme, laquelle façonne une personnalité, qui intervient de manière autodéterminée pour modifier l'environnement et l'organisation de la vie.

Les Districts Industriels vont conceptualiser la structure spatiale de la localisation des agents et activités économiques, par étapes provinciales, en fonction des sources de matières premières et du marché, pour une action économique de proximité, sous l'autorité d'un pouvoir national capable de prendre des mesures indispensables à la réalisation d'objectifs déterminés par les besoins et désirs des populations. Ces Districts ouvriront les opportunités d'adaptation du système économique national à de nouvelles formes d'organisations sociales, et de développeront, graduellement, une meilleure qualité de vie. Il est faux de penser développement tant que l'on n'a pas inventé un rapport pertinent entre l'Etat et le marché intérieur, tant que l'on n'a pas mis en œuvre une déclinaison judicieuse des fonctions d'orientation et de régulation entre les échelons locaux, provinciaux et nationaux de l'appareil public. Les

Districts Industriels mettront en mouvement de nouveaux lieux expérimentaux de régulation pour promouvoir une approche globale de l'activité économique, qui serait transversale, multisectorielle, intégrant des contraintes du long terme. Ceci pour assurer un développement harmonieux des systèmes de production, en faisant en sorte que l'organisation des équipements techniques, agricoles et sociaux marche de pair avec celle des équipements énergétiques, sanitaires et culturels.

L'Etat devra réussir la canalisation de tout ce que la nation est capable de mobiliser pour que chaque District Industriel fasse entrer son espace territorial dans le cycle de pleine activité économique. L'érection d'un District Industriel devra enraciner l'existence d'une unité économique, caractérisée par une faible différence de prix des biens, des services et des facteurs de production entre les provinces. On aura donc réalisé le recentrage de l'économie sur le marché intérieur, la mise en place du District jouant, à cet effet, l'instrument structurel à travers lequel la valeur des marchandises, des services, des facteurs de production et la fixation du prix coûtant seront déterminés selon des critères identiques, suivant des mécanismes similaires. On parlera alors de l'uniformité des conditions de marché. Dans la mesure où les moyens et procédés maîtrisés par un District devront impérativement être transférés dans l'autre, il faut donc un Etat central fort, arbitre, qui assure la convergence inter-provinciale des objectifs et des intérêts. L'autorité publique devra œuvrer au centre de la constitution d'une nouvelle forme de sensibilité collective, en un sens civique dopé de l'esprit de valorisation incessante de l'être, de l'avoir, du savoir et du pouvoir.

Le système de Districts Industriels visera la construction d'un cadre d'action, au plan provincial, à l'égard de la dimension continentale du Congo, qui soit basée sur des relations d'interdépendance existant entre un espace de vie et un ensemble d'activités économiques, identifiées, développées, promues, à proximité. Le District est appelé à cerner la réalité provinciale de telle sorte que s'implique, par ricochet, la nécessité d'un programme de sélection et d'expansion des activités productrices pour le développement de la province, de telle sorte que tout espace de vie entre dans le cycle du travail productif et dans le jeu de la spécialisation et de l'échange qui seuls valent le progrès social. Par ce biais, la province sera entrée dans la géographie volontariste du redressement économique, qui postule un relèvement accéléré de niveau et de qualité de vie.

Nous partons du principe que toute marginalisation de l'individu, que toute négligence d'un espace propice à une production, aux échanges et à la consommation, est contraire à la notion de l'utilisation efficace des ressources du pays. Suivant le même fil de raisonnement, l'objectif sous-jacent du système de Districts Industriels, c'est de briser les frontières psychologiques et physiques qui ne cessent de s'aggraver entre l'agglomération urbaine et le village, entre l'individuel et le collectif, en édifiant une gestion intégrée de deux mondes. Il sera question d'appréhender la ville et le village, l'individuel et le collectif, comme un même espace, de favoriser l'implantation des unités de production dans l'arrière-pays, et de connecter les villages sur les lieux du savoir, de recherche et d'innovation. Le but est que la province cesse d'être essentiellement un repli tribal ou ethnique, pour retrouver une raison d'être économique. En fonction de cette raison d'être, l'Etat établit des concepts globalisants, pour une synergie d'actions de croissance économique entre les provinces. Cette raison d'être juxtapose des éléments d'ordre géographique, politique, culturel, économique, foncier, social...

Le déploiement des Districts industriels

- Chaque province du Congo ayant sa particularité, le District Industriel doit se conjuguer harmonieusement avec les ressources propres à la province d'accueil. Pour y parvenir, il est indispensable que le citoyen et les agents de terrain adhèrent aux projets, qui auront au préalable fait l'objet de consultations et d'un consensus dans le cadre des mécanismes nationaux de coordination du développement et du progrès social.
- Les investisseurs privés et la délégation locale du pouvoir doivent déployer, en synergie, des efforts plus soutenus pour élaborer et mettre en œuvre des politiques et des programmes qui agencent les atouts de la province pour en obtenir le maximum de

biens. Le premier de ces atouts, c'est l'individu. La province, par conséquent, est compétente pour ce qui concerne le placement des travailleurs, l'élaboration des programmes de résorption du chômage et l'application des normes concernant l'occupation des travailleurs et investisseurs étrangers. En ce qui concerne cette dernière compétence, la surveillance du respect de ces normes relève également du pouvoir central.

- L'objectif du District Industriel étant le recentrage sur le marché intérieur, il sera donc question de tendre vers une structure économique qui soit emblématique des besoins solvables de chaque individu. C'est-à-dire, mettre en place un système de distribution de la richesse nationale soustraite de tous revenus gagnés sans contrepartie de travail ou de mérite.
- Puisqu'il sera question que le District Industriel prenne appui sur les capacités locales existantes, l'organe institutionnel local devra adapter son aptitude à mettre en valeur les ressources humaines de la province, notamment, en revitalisant les mécanismes locaux de décisions, de formation, de mobilisation au travail...
- La province doit promouvoir le principe d'une « *technologie bien main* », axée sur une quête de valeur ajoutée en rapport direct avec la propension locale à produire et à consommer l'innovation de proximité. C'est la mission scientifique du District Industriel. La recherche scientifique est le facteur déterminant de la bonne marche du District Industriel. Car elle doit éclairer les chantiers du District, et notamment orienter ceux qui ont pour objet de modifier l'organisation productrice de la province, et éventuellement ses objectifs.
- L'intérêt de l'individu œuvrant au cœur de la finalité du District Industriel, la province doit observer un principe intangible selon lequel : les revenus locaux doivent correspondre à la consommation provinciale, comme le revenu de la province devra s'équilibrer avec la valeur de la production locale. L'objectif, ici, est la justice sociale et l'efficacité matérielle. Ainsi, l'allocation des revenus est liée aussi bien à la contrainte du travail qu'à une distribution équitable des droits à consommer. C'est la mission sociale du District Industriel.

- Pour avoir la maîtrise des plans d'action des Districts Industriels, les décisions qui engagent le devenir provincial doivent émaner de la volonté locale, pour ainsi affirmer une personnalité désireuse de prendre résolument en main la vie locale.
- Dans la mesure où chaque District poursuit des objectifs propres, il est nécessaire à la province de maîtriser les droits, les facteurs, les ressources et les procédés techniques indispensables à la réalisation de la pleine activité économique locale. Un transfert programmé des compétences s'impose, de l'Etat central à la province. L'autorité centrale conserverait son rôle de cadre de coordination, de coopération, de collaboration inter-provinciale et de direction suprême des affaires de la nation, notamment en garantissant:

1. la décentralisation de la responsabilité administrative, financière, et pédagogique, en favorisant l'autodétermination locale, l'autocontrôle de proximité et la planification du devenir local ;
2. la libre circulation des personnes, des services et des capitaux;
3. la liberté du commerce et de l'industrie ;
4. la convergence des prix des biens, des services et des coûts des facteurs de production ;
5. l'unité de la politique monétaire et de ses institutions, en premier lieu de la Banque Centrale ;
6. l'unité des marchés financiers, celle des conditions d'accès à la profession et une politique unique du crédit, de l'épargne, des débouchés et des exportations ;
7. l'unité de la politique fiscale et la suppression totale des aides et subventions à l'improductivité...
8. la mise en place des tribunaux de commerce et d'une loi unique de commerce.

Une telle politique doit, pour réussir, être crédible. Aussi doit-elle s'accompagner d'une conséquente politique d'aménagement du territoire qui réclame, traditionnellement, des mesures législatives dont le but est d'établir une répartition plus équilibrée de la population, des activités de production et de la possibilité planifiée du progrès social. Ce disant, on en vient à l'impératif d'une politique locale du gouvernement national, axée sur la réalisation des travaux d'infrastructures destinés à équiper le district, afin de le rendre plus attractif pour les investisseurs, et que l'individu trouve des réels motifs de s'y fixer. Quatre agences principales seront mises en place dans chaque District Industriel :

- Le Conseil du District disposera d'un budget alimenté par impôt au niveau de la province, des transferts des budgets des ministères et (directement ou indirectement) d'affectations provenant d'un Fonds de péréquation national.
- La Banque locale d'Investissement sera l'opérateur financier du District. Elle assurera trois types de mission :

a. La mise en œuvre d'un programme d'investissements structurants appliqué aux équipements collectifs. La simplification des procédures administratives autorisant les créations d'entreprises. Le développement d'aides techniques et financières dans les secteurs des *PME* et de l'artisanat, créateurs d'emplois nombreux et qualifiés. L'aide au développement des entreprises publiques ou privées engagées dans la pleine activité économique du District ;

b. Le financement des opérations relevant de la compétence de l'Agence locale pour le Développement de l'Emploi ;

c. La réalisation et la gestion des emprunts contractés par le Conseil du District. La Banque locale d'Investissement ne sera pas une simple succursale de la Banque Nationale d'Investissement. Les sources de son financement seront probablement les suivantes : le capital des sociétés de développement du District; une dotation du Programme d'Investissements Structurants; des dotations du Fonds National d'Aménagement du Territoire ; les emprunts contractés auprès des collecteurs d'épargne locaux (Caisse d'Epargne, Crédit Agricole…) ; des dotations affectées ou non affectées au budget provincial. Elle aura ainsi une vue d'ensemble des moyens financiers à la disposition du District.

- L'Agence locale pour le Développement et l'Emploi sera un organisme de gestion dépendant directement du Conseil du District. Dans les modalités de financement des entreprises, l'agence tiendra compte du système d'aide mis au point et affiché clairement par le District (carte des aides, redevances, primes fiscales au développement du District et critères d'attribution). L'Agence aura pour mission, à la fois, d'élaborer des plans provinciaux pour l'emploi permettant une répartition objective des crédits et des investissements, et de soutenir un programme de développement rural, d'équipements sociaux et de redéploiement de l'artisanat.

- L'Agence locale foncière aura la charge de la tenue du livre foncier du District (cadastre). Elle aura également pouvoir d'intervention dans le domaine des réserves foncières. Mieux, l'essentiel des compétences liées à l'environnement, à la protection de la nature, du sol, du sous-sol, de la forêt, de la faune ou la flore, à l'hygiène publique, à la politique de l'eau, à la lutte contre la pollution... devra lui être dévolu.

Cet ensemble d'institutions devra permettre de réduire considérablement le poids des administrations centrales, chargées de définir les grandes orientations stratégiques de développement et la régulation conjoncturelle. Schématiquement, en ce qui concerne l'investissement, la pleine activité économique et la création des emplois, le système de Districts Industriels provoquera un transfert progressif des compétences de l'Etat à l'autorité de proximité, le district, qui devient le relais effectif du pouvoir, mais surtout un niveau de responsabilité indispensable qui rapproche le citoyen de l'autorité administrative pour le plein usage local de la totalité des ressources disponibles de chaque espace du territoire national. Le District Industriel placera la mission de la République à l'aune de la création, de l'aménagement et de la gestion des conditions de localisation et d'implantation des activités économiques à distance raisonnable des travailleurs, des structures et des hommes impliqués dans la production. L'existence valable de l'Etat sera conditionnée par sa capacité à donner à l'économie une volonté de conquérir les espaces intérieurs et une vigueur neuve et dorénavant exponentielle.

Entendue, aujourd'hui, en termes plutôt abstraits, la souveraineté étatique consisterait, dorénavant, à assurer le contrôle et la maîtrise de l'économie nationale. De sorte que la capacité de l'Etat à conduire des projets de développement devra constituer, désormais, l'attribut essentiel du pouvoir. En cristallisant l'attention publique sur l'action économique, ce pouvoir s'installera, de facto, dans l'aptitude de la classe dirigeante tout entière à mieux connaître toutes les ressources du pays, et à savoir mieux les insérer dans le processus de pleine activité de l'économie nationale.

La mise en place des Districts Industriels permettra à l'économie nationale de réaliser une division nationale du travail qui offre aux citoyens des débouchés d'emploi stables, des possibilités de maîtrise de production en grande série, une large spécialisation et le culte de la créativité va poindre. Le but du District Industriel, c'est un vaste déploiement d'opérations qui visent à équiper chaque espace du territoire national en infrastructures de transport, aménagement de zones industrielles, construction anticipée d'usines, création des villes nouvelles, opérations de reconversion agricole.... Les différents Districts permettront une localisation viable des productions dans les pôles locaux les plus aptes à approvisionner le pays, régulièrement, et au coût le plus compétitif. Ils permettront, ensuite, une allocation judicieuse des ressources pour favoriser des spécialisations partout et en tout, et une répartition géographique des productions, garantissant un développement rationnel de l'activité productrice, ainsi qu'un usage optimal des facteurs de production.

Il est temps que nous devenions capables de produire, de construire, d'entretenir et de créer tout ce dont nous sommes capables de désirer, de consommer et d'utiliser. L'activité économique est consubstantielle au désir et au besoin. Elle naît d'eux. La pensée en économie ne sert qu'à trouver les conditions qui permettront à celui qui a un emploi de disposer des revenus suffisants pour consommer plus et davantage des biens, pour que cette consommation se porte aussi sur les services. Cela étant, affirmons que ce qui fait la force d'une économie est la redistribution des revenus primaires, lesquels placent le travail et sa rémunération au cœur de la croissance économique. Il ne s'agit pas de travail à tout prix, mais de travail à bon prix. Il ne s'agit pas non plus du travail industriel parce qu'il faut industrialiser, mais de la création d'une industrie de consommation dont le but premier serait d'aspirer l'argent des salaires. Sans vouloir sous-estimer l'importance des débouchés extérieurs, encore que le marché international n'exerce des effets d'entraînement sur l'économie nationale que si l'activité intérieure est compétitive ; il faut noter que le cœur de l'économie se situe à l'intérieur du pays.

L'essentiel se joue dans un réseau de corrélations économiques de proximité, de proche en proche, entre les provinces. Planifier le déploiement des Districts Industriels revient donc à préconiser un système de développement par lequel la nation se rassemble pour affronter efficacement la compétition internationale. C'est le lieu de rencontre entre la raison économique et l'idéal républicain. Et c'est là aussi que réside toute la pertinence de la Révolution du Bon Sens, comme outil de cohérence, de cohésion, de concertation, de pari sur le génie congolais, de front républicain pour la croissance économique, face au défi de la mondialisation.

Le Village agropastoral
Prodrome de la productivité nationale

La conscience d'un individu est un sous-système particulièrement complexe du système plus général qui régit la vie économique et sociale des communautés humaines. Ceci pour dire qu'en commençant pas être fils de ses géniteurs, l'homme fini par devenir enfant de son milieu, et en perpétue les conduites et les valeurs. Cela étant, si l'individu vit sa première jeunesse dans l'enfermement tribal le plus étroit, où la palabre, le chant, la danse, les rites fétichistes, la cueillette, le braconnage, etc. dominent la vie communautaire, ses schémas mentaux resteront marqués par cette forme attardée d'organisation économique et sociale, au mépris du culte de l'effort, de la tradition du travail et de la règle anthropologique qui veut, depuis la révolution néolithique, que les êtres humains, une fois en communauté, s'installent dans la dynamique de la production des biens et services sans cesse croissante en quantité et en qualité. Le concept du Village agropastoral est ici proposé comme première instance de la productivité nationale, où la vie des villages du Congo sera organisée en fonction des activités agropastorales.

Au-delà des exigences lignagères et des cloisons claniques, le concept du Village agropastoral veut que la raison d'être de chaque village corresponde à la volonté de la vie rurale d'intégrer une division nationale du travail productif, en forgeant une organisation communautaire axée sur la pleine activité agropastorale locale. Il en émergera un sous-système mental local qui formera le socle de la dynamique du développement intégral du pays. Ainsi le processus de développement deviendra une œuvre de tous par tous : du Village comme lieu séminal du travail agropastoral intensif selon les caractéristiques agraires locales au District comme lieu de fabrication des machines-outils, mais aussi comme instance de transformation, de conditionnement et de commerce des biens produits au village.

C'est ainsi que le villageois deviendra le premier artisan de la modernisation du pays, comme le citadin se comportera en relais novateur de la volonté productive et créatrice venue de l'arrière-pays.

L'autorité coutumière devra, par conséquent, maîtriser les droits, les facteurs, les ressources et les procédés techniques indispensables pour que le village se maintienne comme pôle économique agropastoral.

Le Groupement sera l'instance de la planification indicative du cycle cultural, de la définition du système de culture, d'épargne et du micro-crédit, de l'accompagnement social des forces de travail et des ressources de terroirs, de la formation professionnelle, d'initiation à la mécanisation et aux techniques modernes du travail agropastoral, de fourniture régulière d'intrants (engrais, semences, insecticides, outils de travail…)

Si le Chef du Village, au-delà du pouvoir traditionnel, doit être aussi et surtout un moniteur agricole, le Conseil du village devra être compétent pour administrer une vie rurale dorénavant en phase avec les exigences du dynamisme productif, des prises d'initiative, avec les objectifs ci-après :

- produire des biens utiles à l'autosubsistance communautaire ;
- produire des marchandises agricoles échangeables contre la monnaie ;
- obtenir des revenus par des activités non agricoles, tel que le travail artisanal ou agritouristique, en aménageant des lieux de culture et de loisirs ;
- constituer les stocks nécessaires pour assurer au village sa sécurité alimentaire inter-annuelle ;
- chercher à régulariser et à mieux répartir les revenus monétaires tout le long de l'année ;
- maintenir la cohésion du groupe par un tissu d'infrastructures sanitaires et éducatives reflétant la conscience collective des objectifs à poursuivre pour la survie de la communauté et son développement;
- connecter le village aux réseaux de recherches et de savoirs scientifiques ;
- renforcer et institutionnaliser les capacités des paysans à identifier, expérimenter et adapter de nouvelles technologies agricoles ;
- éviter le déclin du village par les départs inorganisés des jeunes vers les centres urbains ;

- assurer la convergence intercommunautaire d'objectifs et d'intérêts pour consolider, à la base, des liens inextricables de cohésion citoyenne...

Chacun de nous peut aisément percevoir avec netteté l'enjeu du débat : notre société a atteint cet instant critique où le pays risque d'imploser si l'on ne modifie pas les règles du jeu lui-même, où les ressources de la gestion ordinaire sont sans prise réelle sur la réalité du quotidien congolais, où le pouvoir politique reste très loin des préoccupations des citoyens. Pour en sortir, il faut s'attaquer au fond des choses, partir sur d'autres bases, d'où le municipalisme.

Le Municipalisme

La Réforme de l'Etat par la municipalisation de la puissance publique

La gouvernance intègre, c'est d'abord et avant tout une révolution agricole, et ensuite et progressivement, la mise en mouvement d'une économie cohérente où les divers secteurs seront liés dans une dynamique industrielle de production, en vue d'intégrer le processus international d'échange de biens manufacturés et de services performants. Pour autant, les services publics au Congo ne sont pas encore garantis juridiquement, économiquement, politiquement et même culturellement comme composantes à part entière du modèle social congolais. Dans la vie congolaise au quotidien, quand l'Etat n'est pas fugitif, il est vandale, scélérat, aigrefin et même gangster. L'échelon municipal étant essentiel pour tous les services qui conditionnent la vie quotidienne et dont l'organisation peut être maîtrisée à ce niveau, il convient donc d'élaborer et de promouvoir une conception municipalisée du service public, proclamant solennellement et organisant de manière systémique un droit d'accès de proximité à des biens et services publics indispensables aux besoins humains essentiels, notamment dans les domaines de la santé, de l'éducation, de la culture, de la mobilité, de l'hygiène publique, de la justice, de la paix et l'ordre social, etc. Telle est la mission que se donne le *municipalisme,* qui se veut être à la fois un nouveau statut de l'action publique, une nouvelle dimension des politiques publiques, une nouvelle instance d'accès aux biens et services publics, et la reconnaissance de priorités politiques axées sur la satisfaction des besoins vitaux des citoyens, souverainement établies par eux-mêmes et leurs représentations démocratiques locales.

Pour un service public d'avant-garde

Une voiture ne peut avancer et prendre de la vitesse que s'il y a un bon conducteur, que si les freins sont desserrés et les obstacles sur la route déblayés ! Il en est de même pour un pays. Le conducteur, c'est l'Etat. Les freins à desserrer et les obstacles à déblayer, c'est la réforme de la fonction publique pour une offre efficiente des services collectifs. Nous voulons, par conséquent, un Etat dont la mission est triple :

- Sécuriser le territoire national et assurer la stabilité de la vie des institutions du pays ;
- Equiper les hommes en savoirs scientifiques, techniques et professionnels, en vue de l'industrialisation de la vie économique nationale ;
- Lancer et entretenir la bataille du redressement national, en créant les conditions d'une croissance économique durable et mieux repartie, en étant garant d'un environnement national approprié à la libre entreprise, par un cadre juridique et réglementaire qui ne crée pas d'obstacles à l'investissement créateur d'emplois et au bon fonctionnement du marché.

La réforme de l'Etat trouve ici toute son importance. Mais comment s'y prendre ?

Si la décentralisation correspond à un transfert d'attributions d'Etat à des collectivités territoriales juridiquement distinctes de lui, *la Municipalisation de l'Etat* préconise le transfert de compétences et de décisions de l'administration centrale vers ses relais locaux, c'est-à-dire et avant tout : les municipalités. Une loi ad hoc, sous la forme de Charte Républicaine de la Municipalisation de l'Etat, devra accorder à la Commune la latitude de s'administrer librement par un Conseil élu et dans les conditions fixées par la loi, en l'investissant du pouvoir de planification, d'aménagement du territoire, de gestion des écoles primaires et secondaires, de supervision de formation professionnelle, d'action sanitaire et sociale, de perception fiscale locale, de voirie communale, d'organisation du service de lutte contre l'incendie et de mise en jeu de la responsabilité de la commune en cas de sinistre…

Le municipalisme nécessitera une structure concertée de commandement et de gestion des affaires de la commune, où l'on retrouvera, avec de vrais pouvoirs, de vrais moyens et de vraies responsabilités : le Magistrat municipal, président du tribunal de paix et patron de la justice locale ; le Commissaire municipal, responsable en chef de l'ordre et de la sécurité de la municipalité ; le Maire comme principale autorité politico-administrative et le Médiateur municipal qui sera le représentant délégué de la société civile locale et l'autorité morale de la municipalité. Le municipalisme consacre par là même une sorte de principe de souveraineté-subsidiarité, l'Etat laissant aux communes le soin de définir les biens et services qu'elles entendent administrer directement à leur population.

Sixième partie :

La marche des sacrifices

Sauver l'Ecole

Le socle d'une nation, la fondation de toute République, le soubassement de toute communauté humaine, c'est la valorisation incessante du capital humain dans toutes ses composantes. Voilà pourquoi ce que réclame notre pays, au-delà de l'investissement éducatif qui doit être la plus grande priorité budgétaire de l'Etat, c'est une nouvelle culture de l'étude, une nouvelle responsabilité en matière de formation et d'éducation.

En réaffirmant la responsabilité de l'Etat à octroyer aux Congolais une qualité internationale d'études, de formations et de diplômes, nous nous donnons le devoir de garantir l'éducation de base pour tous les jeunes en assurant la gratuité de l'enseignement primaire et secondaire. L'éducation doit devenir un acte de volonté publique, visant à transmettre aux futurs citoyens des savoirs émancipateurs, le sens de l'effort et du mérite, la fierté de s'élever et la liberté de penser. L'enseignement doit cesser d'être marchandisé.

L'école de la République ne peut plus être considérée comme un banal service offert aux enfants, selon les moyens financiers de leur famille ! Le temps sera à la sagesse, à la capacité à épouser son temps et à considérer les contraintes du réel, en procédant à la *re-confessionnalisation* de l'enseignement dans le cadre d'un partenariat entre l'Etat et les lieux idoines de dévouement à l'éducation que sont les grandes confessions religieuses.

Dès l'école maternelle et primaire, un accent particulier devra être mis sur les sciences, la technologie et les enseignements à vocation pratique : l'hygiène, la pratique agricole et l'artisanat. L'orthographe et la grammaire devront être réhabilitées et placées comme acquisitions essentielles du cycle primaire, sous leurs aspects les plus généraux : conjugaisons, règles d'accord, diction… Aucun élève ne pourra accéder au Cycle d'Orientation sans avoir fait la preuve d'une maîtrise des apprentissages cognitifs et fonctionnels de base : lire, écrire, compter et calculer. Une première langue vivante, entre l'anglais et l'espagnol, doit être commencée dès l'école primaire. Pour inciter nos enfants à donner le meilleur d'eux-mêmes et encourager le développement des talents, des dons et de toutes les capacités intellectuelles dès le cycle primaire, les écoles devront de plus en plus proposer une prise en charge des enfants sur l'ensemble de la journée.

Aux humanités, priorité sera accordée au développement des courtes filières professionnelles et à l'optimisation des diplômes d'Etat professionnels. Chaque élève devra sortir des humanités avec une bonne maîtrise de l'anglais ou de l'espagnol, tout en possédant au moins une deuxième langue nationale (swahili, kikongo, tshiluba, lingala).

Un moratoire de 5 ans sur l'enseignement général et encyclopédique sera lancé, en vue de réorganiser le système éducatif en réseau d'écoles secondaires pratiques des arts, des métiers, des ponts et chaussées, en système d'écoles professionnelles et en gamme d'établissements techniques supérieurs privilégiant la diffusion du savoir scientifique et technique et l'apprentissage professionnel par la pratique. Les 5 ans du moratoire auront deux priorités :

1. Les universités et instituts supérieurs accueilleront un programme national de remise à niveau des diplômés d'études supérieures pour porter remède au déficit décennal de la formation universitaire, faire face à la pénurie des managers qualifiés et doter la République d'un corps d'ingénieurs qualifiés et bon marché, en vue de faire de l'économie congolaise le lieu le plus attractif de l'investissement productif ;
2. Il sera mis en œuvre un réseau national d'instituts universitaires techniques et d'Ecoles supérieures de génie informatique et de management de nouvelles technologies.

Adapter la formation et la recherche aux exigences de l'économie

Notre pays a besoin d'un enseignement supérieur efficace, attentif aux besoins de qualification, nourri et irrigué par la recherche scientifique, contribuant à structurer notre connaissance du monde et de nous-mêmes, répandant un savoir qui va se transformer en culture pour la société.

En même temps que le monde devient de plus en plus complexe et incertain, l'économie a besoin de capacités d'anticipation, de réaction à l'imprévu, d'adaptabilité plus que d'adaptation, c'est-à-dire de formation et de culture générales. L'université congolaise que nous allons construire retrouvera une nouvelle modernité qui lui permettra d'intégrer, dans un même mouvement, sa tradition du plus haut niveau de culture et des savoirs avec l'ouverture qu'elle va opérer en direction des professions. C'est pour assouvir cette ambition d'éveil des esprits et du réveil des intelligences que nous lancerons prioritairement les chantiers ci-après :

1. Ré-instauration des tests d'entrée à l'enseignement supérieur pour mieux opérer la sélection et l'orientation des futurs agents et cadres du développement national.
2. Création de Grandes Ecoles sur la perspective du premier cycle universitaire comme classes préparatoires à cette institution d'élite, pour affirmer l'attachement de la nouvelle société congolaise à des formations d'excellence. Un diplôme de Master sanctionnera cette formation. Le Master de recherche aura pour mission de préparer les étudiants à s'engager dans une thèse et à embrasser la carrière scientifique. Il s'agit là de la qualité future de la science au Congo et de l'affirmation, au plan international, du très haut niveau de qualité de l'enseignement supérieur congolais. Le Master professionnel sera l'expression de la haute professionnalité scientifique et technique de la formation.
3. Des engagements budgétaires massifs, clairs et durables seront pris pour promouvoir la recherche universitaire, en ayant conscience que l'enseignement supérieur universitaire sans recherche est une aberration, le développement demeure aléatoire sans la recherche scientifique qui irrigue le tissu économique, culturel et social en savoirs nouveaux.
4. Mise en œuvre d'un plan de valorisation des sciences auprès des jeunes, en vue de répandre le goût de la science dans la jeunesse et de susciter des vocations scientifiques dans la société.
5. Susciter, encourager et accompagner les partenariats de créativité et d'innovation entre les entreprises industrielles, commerciales et les établissements de l'enseignement supérieur et les institutions de recherche.

Il n'est que temps d'agir et d'engager les reformes nécessaires avec la volonté d'aboutir. Un challenge nous attend : devenir, dans 20 ans, la première communauté scientifique francophone d'Afrique, et la première nation africaine au sud du Sahara dans les domaines de l'ingénierie agronomique, de l'aéronautique, de l'électronique, des armements et des télécommunications.

La Justice reversale

Bâtir un Etat de droit, c'est prendre conscience que la liberté des citoyens se mesure à l'autorité et au règne de la loi, et que l'épanouissement des citoyens dépend du bon fonctionnement de la justice, qui est la gardienne des libertés, le principal instrument de régulation des rapports sociaux, qui permet à la société de mouvoir et d'évoluer avec l'aide de la boussole de la rectitude morale, comme dirait Platon : « *le jugement de la justice est le traitement médical de la perversité* ». La Déclaration des Droits de l'Homme et du Citoyen du 26 août 1789 le dit encore mieux : « *Toute société dans laquelle la garantie des droits n'est pas assurée, ni la séparation des pouvoirs déterminée, n'a point de constitution* » (Art. 16).

A l'image de notre société qui se défait chaque jour devant nos yeux, la justice au Congo est moribonde. Les services de la Justice sont pour la plupart abrités dans des bâtiments peu fonctionnels, aux murs décrépis et lézardés. Le spectacle insolite de bâtisses croulantes servant de tribunaux demeure encore une réalité dans notre pays. Pis encore, au cœur de Kinshasa la capitale, des prétoires s'érigent parfois en plein air. La documentation est inexistante dans les juridictions qui demeurent, parmi les services publics de l'Etat congolais, quelques-uns des rares espaces où l'outil informatique est pratiquement inconnu. Les professionnels du Droit pour leur part, qu'ils soient juges, greffiers, avocats, notaires, huissiers... sont régulièrement suspectés de violation des règles élémentaires de leur déontologie et malheureusement de plus en plus corrompus. Tous ces facteurs, non limitatifs au demeurant, ont un impact négatif sur la célérité et le sérieux dans la distribution de la Justice et la qualité des décisions rendues. Au regard d'un constat aussi sombre, il est légitime de s'interroger tant sur l'intérêt que sur la possibilité de la réforme de la justice et la méthodologie appropriée.

On en vient à la conclusion qu'aussi bien la renaissance de la justice que tout renforcement de la sécurité et des libertés, tout passe par la restauration de l'Etat *régalien*, capable d'assurer les missions de police, de justice, sans lesquelles la liberté est vaine. Et c'est au prix d'un tel renforcement que l'on pourra prévenir la violence et restaurer la paix sociale, c'est-à-dire un service public doté de moyens suffisants et capable de jouer pleinement son rôle, sans faiblesse, dans le respect scrupuleux des droits de chacun. Plus que jamais donc, la République Démocratique du Congo a besoin d'une justice rénovée, soucieuse des libertés et de l'autorité de la loi, garante de la sécurité des personnes et des situations juridiques. Voici les dispositifs d'urgence arrêtés dans l'optique de faire de la loi la pierre angulaire de la démocratie en construction, la garantie fondamentale d'un ordre qui respecte la liberté des hommes et protège le faible contre le fort :

- Revaloriser la fonction du magistrat, dans le souci de mettre fin à tout ce qui, de près ou de loin, peut salir l'autorité morale des tribunaux, et faire douter de l'impartialité et de l'intégrité des juges.
- Restituer aux juges leur fonction d'agents de justice au quotidien, en les libérant des tâches administratives qui mobilisent et usent leur énergie.
- Améliorer les conditions de travail des juridictions, notamment par la création d'assistants et par la simplification de la procédure.
- Modifier l'organisation judiciaire pour l'adapter aux besoins de notre temps.
- Accorder des moyens en hommes et en locaux pour désencombrer le prétoire et vider les prisons de tous ceux dont seule la lenteur des procédures justifie la détention.
- Garantir l'effectivité du droit d'obtenir justice notamment à travers le rapprochement de l'institution judiciaire des Congolais, l'accès des couches défavorisées à la Justice, l'exécution des décisions de Justice et le développement des fonctions de conciliateurs ou d'auxiliaires des juges, en donnant pleinement leur rôle aux juges d'instance.
- Renforcer le contrôle à tous les échelons du Service Public de la Justice notamment par la mise en place d'une Inspection des Services Judiciaires qui sera un instrument de contrôle effectif afin de restaurer la confiance des justiciables.
- Elaborer un statut et un plan de carrière pour les greffiers, les secrétaires de greffes et parquets, les surveillants des services pénitentiaires.
- Mettre en œuvre une politique de formation appropriée des magistrats et des autres personnels et professions libérales concourant au fonctionnement de la Justice (greffiers, secrétaires de

greffes et parquets, régisseurs, éducateurs sociaux, surveillants des services pénitentiaires, police judiciaire, avocats, huissiers de justice, notaires, experts judiciaires...)

- Réhabiliter, construire et équiper les locaux de justice, et moderniser l'outil de travail par l'introduction de l'informatique.
- Rendre la justice indépendante et impartiale, en confiant la responsabilité de son exercice équitable et non partisan entre les mains souveraines des procureurs généraux et procureurs, qui en seront comptables devant les citoyens et dont la dignité est liée à notre état de droit.

Dans les textes tout au moins, le système juridique congolais reconnaît l'indépendance du pouvoir judiciaire par rapport aux pouvoirs législatif et exécutif. Mais dans la pratique, la facticité de cette indépendance est totale. Ainsi les dispositifs sériés ci-dessus visent la consolidation de l'indépendance du pouvoir judiciaire qui constitue, assurément, l'un des principes essentiels sur lesquels se fonde un « Etat de droit », comme l'observait Montesquieu dans son œuvre « *De l'esprit des lois* » : « *Tout serait perdu si le même homme, ou le même corps des principaux, ou des nobles, ou de peuple exerçaient ces trois pouvoirs : celui de faire les lois, celui d'exécuter les résolutions publiques et celui de juger les crimes ou les différends des particuliers* ».

C'est bien pour cela que l'indépendance ne sera donnée au juge que dans l'intérêt de la protection des droits des individus qui espèrent pouvoir obtenir justice. Elle ne sera guère un privilège du juge. Elle sera une lourde responsabilité, celle de l'acceptation du défi d'être capable de convaincre non par la force du principe d'autorité, mais par les arguments de la raison, en suivant le chemin de la vertu, en étant armé des qualités professionnelles avérées.

Cependant, cette indépendance exige pour les juges un statut à part, nettement différencié par rapport au statut des autres fonctionnaires de l'Etat. Ils seront, par voie de conséquence, traités en dehors du statut ordinaire des fonctionnaires de l'Etat, puisqu'ils ne sont pas, en réalité, des dépendants de l'Etat, mais ils sont eux-mêmes l'Etat. Ils doivent être le symbole vivant de l'esprit d'indépendance. Et celle-ci ne se pose pas seulement pour le pouvoir judiciaire globalement considéré, mais aussi et surtout pour chaque magistrat.

Justement, le concept de *Justice reversale* servira de soubassement à cette indépendance de la justice, d'autant plus qu'au-delà de son partenaire indécomposable qui est l'Etat, le nouveau système jette la perspective d'un partenariat actif avec le monde de capitaines d'industries, y compris le réseau bancaire. Ceci permettra au système judiciaire de construire son indépendance interne. C'est-à-dire parvenir à assurer non seulement l'indépendance de la magistrature vis-à-vis des autres pouvoirs de l'Etat, mais aussi l'indépendance du magistrat vis-à-vis des autres sujets de la vie économique et sociale et même à l'intérieur du pouvoir judiciaire. Ce que l'on recherche, in fine, c'est l'indépendance du juge vis-à-vis des parties du procès, afin qu'il demeure, en tous temps et en toutes circonstances, en état de trancher toute affaire de façon impartiale. D'où la nécessité de sauvegarder l'indépendance du magistrat à l'intérieur même du corps de la magistrature, afin d'en assurer l'impartialité la plus absolue. Puisque le système judiciaire interdit aux magistrats d'exercer des activités lucratives telles qu'entrepreneur, commerçant, membre d'un conseil d'administration d'une société, etc., il faut donc, pour cette raison, garantir aux magistrats une rémunération adéquate aussi bien qu'un statut personnel tout à fait particulier, pour les mettre à l'abri de toute influence externe.

Cette indépendance a une base fondamentale ! C'est l'indépendance de la connaissance. Un magistrat ne peut se faire respecter par les justiciables et donner sens et substance à l'indépendance de la magistrature que s'il possède une bonne connaissance des matières qu'il traite. Un magistrat bien formé est un magistrat plus indépendant. Ainsi la formation devra dorénavant constituer l'objet d'un véritable droit du magistrat congolais.

Et enfin, un juge indépendant ne suffit pas à faire une justice indépendante, si le parquet, le ministère public, l'organe qui a le pouvoir, au moins en matière criminelle, de mettre en mouvement la justice, ne l'est pas. En effet, puisque les magistrats du ministère public ont la charge d'assurer l'égalité des citoyens devant la loi, ils doivent donc pouvoir exercer leurs fonctions de façon autonome par rapport au pouvoir politique. Ainsi le principe selon lequel les juges ne sont soumis qu'à la loi doit s'appliquer aussi aux magistrats du ministère public.

La municipalisation des Tribunaux de paix

De plus en plus, loin des rouages de la justice officielle, s'inventent de nouveaux mécanismes de règlements de conflits qui, selon toute vraisemblance, répondent mieux aux attentes et aux besoins des Congolais dans leur vécu quotidien. Il y a d'abord et assez souvent la recherche informelle de l'autorité ou de la force par le recours aux voies de droit parallèles et privatisées. Les litiges privés sont portés à la Police, à l'ANR (Agence Nationale des Renseignements), à la DEMIAP (Détection Militaire des Activités Anti-Patrie), voire aux structures de l'armée. Une autre forme de justice informelle prend pignon sur rue. C'est la justice des communautés religieuses, des associations culturelles, des groupements socioprofessionnels, des organismes de défense des droits de l'homme, etc. Pour régler des conflits, les modes utilisés par ces structures procèdent du droit traditionnel, bien en osmose avec les habitudes de la population : la conciliation, la réconciliation, la réparation à l'amiable, l'arbitrage, la négociation, la médiation, etc. La dernière forme de justice est une perspective effrayante. C'est le recours aux voies de fait, la justice de la vengeance privée. Les voleurs attrapés en flagrant délit, les personnes accusées à tort ou à raison de sorcellerie, le malheureux chauffeur qui écrase un passant, c'est la lapidation immédiate ou le supplice du collier.

Un autre phénomène se greffe à cette résurgence de la justice privée. C'est l'émergence des Ecuries et la loi de la vendetta entre communes. Des jeunes désœuvrés patrouillent la nuit en bandes, rançonnent les passants, exigent des « péages » pour libérer les fêtes, les concerts de musique et même les cérémonies funéraires. Ils meuvent en bande de 10 ou 20 en temps normal. Le chef de bande est l'ancien chef du club de sport, que l'on appelle *Maître*. Lorsqu'il y a descente punitive dans un quartier ennemi, c'est une légion de plus de 200 guerriers. Les policiers sont spectateurs, sinon supplétifs. A l'intérieur de ces Ecuries et entre elles, l'interaction est d'une violence rare. Cela va des bagarres et des raclées à coups de poing et de gourdins, jusqu'à des mutilations à coups de morceaux de verre, de lames de rasoir, de machettes, de bouteilles brisées, de couteaux, etc. Le sang qui y gicle, les morts et blessés qui s'ensuivent, les jeunes ne s'en émeuvent plus outre mesure. L'habitude de la violence s'enracine jour après jour. Chez ces jeunes, de plus en plus nombreux, de plus en plus violents, se développe un réel sentiment de vivre dans un pays de non-droit qui, du reste, rencontre leur besoin de liberté sans fin et sans limite, où l'autodéfense tient lieu de système local de protection, et la vengeance punitive de mode de règlement des différends. Nul besoin de présenter cette dérive comme étant l'expression d'un tragique désordre. En tout état de cause, l'émergence de ce phénomène de vendetta intercommunale signale l'écroulement du droit et l'affaissement de la justice dans notre pays.

De tout ce qui précède, il se dégage la nécessité de construire de nouveaux rapports humains, de nouvelles formes de contrôle social. Aujourd'hui, l'Etat et les entités territoriales de base doivent gérer une double tendance contradictoire : l'augmentation des missions de service public à prendre en charge, d'une part, et le resserrement de leur contrainte budgétaire, d'autre part. Concilier ce mouvement dual justifie une réflexion sur les modes de gestion des services publics. D'où l'expérimentation du mode de gestion déléguée des affaires publiques, avec le pouvoir municipal comme la puissance publique délégataire, dont l'autorité locale aura comme socle une justice plus proche, plus visible et plus accessible. Le tribunal de paix en sera la principale marque. Celui-ci municipalisé, c'est d'abord un lieu, un bâtiment, au cœur du vécu quotidien de la commune, pour signaler l'avènement local des capacités organisationnelles et systémiques nouvelles. C'est ensuite l'idée de justice incarnée par un homme, que l'on connaît, que l'on voit au quotidien, le Président du tribunal, le chef de la paix civile locale, le juge communal, qui prêche par l'exemple en personnifiant la droiture et la probité morale.

Il s'impose dès lors que se mette en place un réseau municipalisé d'accès au droit permettant l'accession des citoyens à la connaissance des règles de droit les concernant dans leur vie quotidienne et pouvant permettre, dans certains cas, d'éviter le recours à la voie contentieuse. Et le tribunal de paix municipalisé permettra que se déploie un réseau judiciaire de proximité permettant un accès facilité au juge, un meilleur accueil des justiciables et la simplification de leurs démarches.

Dans ces nouvelles entités judiciaires seront prioritairement développées, au plus près des habitants, des actions favorisant le règlement amiable des litiges civils (conciliation), des réponses souples à la petite délinquance (alternatives aux poursuites), la prévention, l'aide aux victimes et l'accès au droit. Hélas, l'organisation en vigueur de la carte judiciaire du Congo ne correspond plus aux réalités démographiques, sociales et économiques, ce qui va à l'encontre d'une justice rapide et accessible pour tous. C'est pour répondre à cette nécessité que le concept de la municipalisation du tribunal de la paix est ici proposé et développé. Le principal objectif est de réduire plusieurs types de distances entre les citoyens et leur justice, à savoir :

- Des distances géographiques superflues ;
- Des distances temporelles liées à des délais excessifs ;
- Des distances sociales liées à des contraintes économiques ou culturelles.

L'instance municipale du tribunal de la paix sera, en effet, un lieu de justice de proximité pour tous les habitants, où des acteurs de la justice seront non seulement compétents en matière de réponse pénale aux incivilités constitutives d'infractions, mais aussi et surtout répondront de manière adaptée à la petite délinquance quotidienne, aux petits litiges civils (logement, consommation), en proposant des solutions à l'amiable rapides et de qualité (conciliation et médiation).

Tout Etat soucieux de garantir la paix sociale doit accorder à la distribution de la Justice une attention particulière. Car un appareil judiciaire faible ou inefficace sape les fondements de l'Etat de droit et entraîne à terme le règne de l'arbitraire le plus absolu. Il apparaît par conséquent comme une nécessité incontournable qu'il y ait municipalisation du Tribunal de paix, conformément à l'ordonnance loi 82-020 portant code de l'organisation et de la compétence judiciaires, spécialement en son titre 1er chapitre III section 1ème, ainsi qu'en son titre II chapitre 1er section I. Ce premier lieu de justice deviendra réellement et efficacement une instance judiciaire de proximité, dotée de moyens suffisants, capable de dire le droit sans faiblesse, et d'asseoir dans la masse la culture du droit et du respect de la loi, avec le concours des médias locaux, des familles et des associations sociales, culturelles et sportives locales.

De la prison à l'Auberge Pénitentiaire de Rééducation Civique

Pour une justice corrective

La tradition judiciaire universelle donne à la détention le rôle de protéger la société contre les individus considérés comme dangereux pour l'ordre public. Cette logique ne répare guère les préjudices causés, ne corrige que très peu les délinquants, ne dissuade nullement les criminels, et laisse partout se développer le phénomène de récidive. Si partout ailleurs la prison devient *« école du crime »* ou *« rampe de la récidive »*, bien pis que cela, au Congo, elle est la vitrine de tous nos déficits de civilisation. En effet, le système pénitentiaire congolais n'existe que de nom et ne fonctionne qu'en usant de faux-semblants. La prison centrale « Ikongowassa » de Mbandaka en est la plus scandaleuse illustration. Murs moisis et décrépis, toits chancis, bâtiments en décomposition, cours embroussaillées, où l'insalubrité trône en reine des lieux, la prison « Ikongowassa », située au cœur de Mbandaka, ville de 600.000 habitants, chef-lieu de la province de l'Equateur, héberge des prisonniers atypiques : des détenus « volontaires ». Dès que la pluie menace, les prisonniers sont priés de rentrer chez eux ! Chaque fois qu'il y a pluie, on redoute l'effondrement de la prison : on doit vider les lieux. La nuit tombée, les gardiens préviennent : on ne dort ici qu'à ses risques et périls. Pas d'électricité, aucune lampe ni eau courante, la nuit, des serpents venimeux et autres vermines envahissent les lieux. Prison sans portail, seuls les prisonniers volontaires y séjournent ou ceux qui ne savent où aller.

Il existe pourtant une ordonnance portant régime pénitentiaire qui prévoit que les prisons doivent respecter les conditions d'hygiène et de salubrité, et que doivent être prises toutes mesures relatives à la propreté, à l'entretien des locaux et à la toilette des détenus. Aucune prison du Congo ne fonctionne sous le régime de cette ordonnance. La justice reversale vient briser et repenser en conséquence ce fonctionnement pénitentiaire en trompe-l'œil, qui ridiculise notre puissance de pensée et notre capacité à panser les plaies qui infectent notre société, en laissant languir un système judiciaire désincarné, décontextualisé, détaché de notre temps, sans aucune prise sur les réalités profondes de notre pays, et dont l'écriture est sans relation avec la marche de notre société.

Par un enfermement tenant lieu dorénavant de « détention-labeur », la stratégie que vise la *Justice reversale* est celle de la punition comme moyen de transformation du sujet par un travail sur son intériorité. La contrainte au labeur du sujet détenu recoud la citoyenneté rompue, répare le tort commis contre la cohésion de la société et redonne de la substance et du sens au mot d'ordre de coalition de tous les efforts de la nation pour vaincre le mal-être général. Il est encore et surtout question de trouver un nouveau principe d'équivalence entre le tort commis, le mal subi, le mal agi, la correction idoine et le contexte carcéral ad hoc. Il en découle une nouvelle mesure de conversion qui sert l'ambition de rigueur arithmétique de la nouvelle philosophie pénale. La *Justice reversale* est tout à fait adaptée à cette demande de rationalité et du bon sens. La prison étant devenue *« l'école du crime »* ou *« la rampe de la récidive »*, la puissance corrective du système pénitentiaire est d'ores et déjà tombée en obsolescence. Avec la *Justice reversale*, il devient possible de parier sur les propriétés transformatrices de la détention, et partant, de quantifier très finement le temps de la peine, fixé par rapport à la sommation de tout ce que le détenu doit reverser à la société pour réparer son crime ou son délit.

Avec *l'Auberge Pénitentiaire de Rééducation Civique* que préconise la *Justice reversale* comme structure carcérale, le système pénitentiaire ira au-delà de la privation de la liberté, et s'intéressera plus à l'âme du sujet. C'est elle que le système entend « corriger », déplaçant sensiblement le centre de gravité du processus pénal de l'enfermement vers une « re-citoyennetisation » forcée. La peine est plus concentrée sur *« l'homme-criminel »* lui-même, considéré comme un déviant marqué du sceau de l'asociabilité, de la rupture de la citoyenneté, et qui, par cette déviance, se retrouve astreint de se mettre au service de cette même société, au titre de la réparation de cette souillure que la République nouvelle ne peut en aucun tolérer, à l'heure de la Révolution du Bon Sens et de la marche au pas de charge de la nation entière pour réussir le redressement national. [illegible] prenant fermement l'engagement de ne jamais piétiner les droits des gens ni bafouer la liberté des citoyens, la *Justice reversale* balise le chemin d'une justice réparatrice, dissuasive et corrective, où l'enfermement se fera selon le principe que tout détenu est astreint à accomplir un travail pour prendre en charge le coût de la procédure et tous les frais inhérents à sa détention. Il est, en effet, question que toute condamnation exprime la garantie d'un dédommagement compensatoire intégral reflétant, d'une part, la réparation du préjudice aux yeux de la victime, et d'autre part, le redressage citoyen du délinquant ou du criminel à travers l'obligation de l'auto-prise en charge par le travail, de tous les frais de séjour en prison.

Les parties en conflit supportent les frais entraînés par la procédure et rémunèrent les auxiliaires de justice, en incluant une amende au titre de règlement de frais de justice, y compris en matière pénale. Cependant, le plaignant indigent ou gagne-petit peut solliciter et obtenir un *« Billet judiciaire gratuit » (BJG),* qui lui donne aisément accès à la justice. Et si le juge n'en décide pas autrement, la partie qui gagne un procès fait acquitter ces frais par celui qui le perd. La *Justice reversale* mettra donc fin au fonctionnement de la justice sur le principe de la gratuité.

Cela veut dire que dorénavant, celui qui vole rembourse, avec dommages et intérêts, la personne volée, dédommage la justice par une amende spéciale, et paie tous les frais de son séjour en prison (*Auberge Pénitentiaire de Rééducation Civique*). Celui qui tue verse une rétribution mensuelle perpétuelle aux ayants droits de la victime, à la justice et se prend en charge intégralement en prison (A.P.R.C).

Ainsi la justice sera dissuasive, corrective et réparatrice, car à l'heure de la mobilisation de tous les efforts de la nation pour chasser la pauvreté, il est hors de question que l'Etat joue à cache-cache avec des criminels et entretienne gracieusement des vies en prisons... L'auteur du crime ou du délit doit savoir qu'il aura non seulement à rendre compte de ses actes mais aussi et surtout qu'il sera, pour cela, placé dans l'obligation de réparer intégralement le préjudice causé. Qui viole la loi paie tout et redresse l'honneur souillé de la nouvelle citoyenneté congolaise. Qui enfreint la règle sociale est individuellement et totalement responsable de ses actes asociaux et doit en répondre et en assurer une réparation pleine et complète devant les juridictions.

Rétablir la culture
dans son rôle d'outil d'épanouissement intégral du citoyen

Le Redressement national suppose la reconstitution de la mémoire nationale, pour qu'un cerveau collectif congolais se tisse, réhabilite la foi en nous et redonne à chacun la confiance dans l'avenir radieux du Congo. Il faut donc de profonds changements culturels. Malgré la pénétration des médias et le développement rapide des technologies de l'information, le livre demeure le principal instrument d'accès au savoir et de circulation des idées. La nation congolaise renaissante devra promouvoir le goût de connaître, exalter le désir d'apprendre et restaurer dans l'opinion l'appétit de la consommation du livre.

Puisque parler de développement sans éducation est une sottise, et qu'il n'y a pas d'éducation sans livres, nous allons :

1. développer une industrie pérenne du livre afin d'assurer durablement la disponibilité de manuels adaptés aux programmes scolaires, aux désirs des jeunes, aux contextes socioculturels et aux pouvoirs d'achat des populations ;
2. contribuer au renforcement des capacités éditoriales de production et de distribution de manuels, et accroître la disponibilité et la circulation du livre dans le pays ;
3. créer des centres de lecture populaire pour donner au maximum de jeunes un accès aisé à la lecture, à l'information et aux loisirs sains ;
4. lancer, au niveau des quartiers, le concept *Plaisir de lire en club* et promouvoir l'opération *Foire du Rire et Lire*, où, en activité foraine ambulatoire, traversant communes et villages, le livre est mis en valeur par le théâtre comique et d'autres jeux concours.

Promouvoir l'art pour consolider la foi du Congolais dans ses aptitudes créatrices

Les arts vivants (théâtre, musique et danse) et les arts visuels (peinture et sculpture) forment les expressions artistiques les plus visibles et les plus florissantes de la production culturelle congolaise. Seulement voilà ! Notre culture souffre de faiblesse de financement, de manque de professionnalisme, faute de formation et de débouchés. Notre projet culturel est un défi :

- Sachant que la musique et le théâtre exercent une puissante influence sur le caractère congolais, tout sera fait pour que ces deux outils de dressage éducatif orientent les désirs populaires et les émotions de masses vers la perfection morale, en chantant et en mettant en scène les règles de bienséance, de droiture, d'intégrité et de piété citoyenne.
- Repérer les meilleures productions artistiques, les faire mieux connaître et favoriser leur diffusion tant dans le pays que lors de grands rendez-vous internationaux des arts.
- Susciter et accompagner l'émergence d'une industrie nationale de transformation, de fabrication et de production des instruments et accessoires de musique.
- Encourager, dès le jeune âge, l'apprentissage du chant choral - musique de l'âme, et la musique instrumentale, en revalorisant et en modernisant nos instruments traditionnels.
- Accroître le degré de professionnalisme des artistes et des troupes, favoriser les carrières artistiques et encourager la création des écoles de musique et des instituts de formation des ingénieurs créateurs des instruments et autres accessoires de musique.
- Aider les entreprises phonographiques, soutenir et promouvoir le spectacle vivant en dotant le pays du matériel scénique et technique moderne.
- Par une structuration méthodique, la musique traditionnelle qui recèle d'intenses pulsions lyriques et d'exquises modulations tonales, devra dépasser le simple divertissement folklorique, pour s'élever au niveau de l'universalité du langage musical.
- Favoriser le développement des galeries d'art, procéder au recensement, à la sauvegarde, à la conservation et à la mise en valeur des formes traditionnelles de la culture nationale.

Rejoindre la société de l'information

Le monde change de bases. Aujourd'hui, la très grande majorité des jeunes et des adultes vit, travaille, consomme, s'informe et communique en utilisant l'ordinateur ou en se servant d'un téléphone portable. Qui aurait pu imaginer, il y a dix ans, une telle révolution des usages et des modes de vie ? Cette révolution ne nous laisse aucun choix ! Le Congo est dans l'obligation de s'ancrer dans une économie fondée sur la connaissance. Il convient désormais et de manière systématique, de saisir les opportunités qu'offre l'économie de la connaissance tant en termes de définition de nouveaux modes d'accès aux savoirs, de valorisation des savoirs, que de leur enrichissement. Cette évolution de notre société sera le socle d'une économie compétitive, solidaire et ouverte au marché international.

Le raccordement de notre territoire à l'Internet haut débit est une première étape, préambule à cette mutation. En ce sens, il va falloir soutenir le développement des activités liées à l'usage des nouvelles technologies de l'information et de la communication. Cependant, l'Internet et plus largement la mondialisation nous invitent à relever nos exigences en matière de production, de consommation, de distribution, de compétitivité, de réactivité et d'anticipation. Le développement de l'innovation, de la recherche et de la formation constitue un des axes de travail pour relever ce défi, axe qui concourt également à notre intégration dans l'économie planétaire, condition de notre survie en tant que peuple, nation, Etat et République. Il importe donc que la recherche soit en relation étroite avec les entreprises pour transformer ses acquis en source d'innovation et de productivité pour l'économie nationale. Dans ce cadre, priorité devra être accordée à la densification de ces relations et au soutien du développement de synergies fortes entre les mondes de la formation, de la recherche et des entreprises. Ces synergies devront répondre à nos problématiques locales et favoriser l'émergence d'activités nouvelles.

Il y a là plus qu'une source d'inspiration pour la réflexion politique sérieuse. En effet, le défi est de répandre dans la société des compétences fondamentales neuves, à la lumière de la diffusion, hier, de la maîtrise de la lecture, de l'écriture et du calcul. Il s'agit de la maîtrise absolue, dès le plus jeune âge et chez le plus grand nombre possible de Congolais, de quelques compétences numériques fondamentales comme la navigation sur Internet, la communication par courriel, l'utilisation d'un traitement de texte ou d'un tableur, le téléchargement d'un logiciel, et la compréhension minimale de l'anglais numérique.

Cette révolution numérique, sous la pression conjuguée du progrès technique et d'une nouvelle dynamique de pratiques sociales innovantes, exprime une nouvelle fois l'ardente obligation, pour notre société, d'accepter les règles de fonctionnement d'une vie nationale axée principalement sur l'exploitation des connaissances. Les dispositions suivantes seront prises à cet effet, à savoir :

- Mettre en place des *Télécentres publics,* dans chaque commune, qui seront des centres collectifs d'accès au multimédia, à la micro-informatique et à l'Internet.
- Instaurer un *Brevet Informatique et Internet* à la fin de l'école primaire.
- Introduire la dactylographie comme apprentissage de base dans le primaire, favorisant l'apprentissage orthographique de la langue, et constituant un atout majeur tout au long de la vie.
- Dès le premier Cycle d'Orientation, inclure des programmes d'acquisition des capacités d'utilisation courante d'un ordinateur et l'intégration de cet usage dans chaque discipline.
- Lancer, pendant les grandes vacances, des séminaires de formation des enseignants aux nouvelles technologies de l'information et de la communication, pour les intégrer progressivement dans leur pratique pédagogique.
- Sensibiliser les populations aux technologies de l'information et de la communication.
- Favoriser la participation des Congolais aux débats internationaux sur les technologies de la communication.
- Organiser des forums sur des thématiques relatives aux enjeux stratégiques de la société de l'information (gouvernance, télémédecine, téléenseignement, services bancaires en ligne, commerce électronique, accès, connectivité, tarification...)
- Garantir une taxe minimale pour l'importation de tout matériel informatique.

- Encourager, soutenir et accompagner les industriels des télécommunications et du logiciel, les équipementiers, les concepteurs et réalisateurs d'infrastructures, et les jeunes entreprises innovantes qui se lancent dans la création et l'utilisation des technologies de l'information avec une grande intensité, qui sont capables d'oser la conception, la réalisation et la commercialisation des produits et services en ligne.

Les enjeux économiques des technologies de l'information sont donc étroitement reliés aux enjeux relatifs aux infrastructures et à l'appropriation d'Internet par le plus grand nombre. L'effort public en faveur de l'économie numérique doit, par conséquent, être gigantesque et volontariste, pour que les Congolais s'emparent culturellement des techniques d'Internet, et que le Congo puisse afficher et réaliser l'objectif de devenir l'économie numérique la plus performante de l'Afrique centrale d'ici dix ans.

Réhabiliter la famille,

cellule-mère de la patrie, pour récréer la citoyenneté

La famille congolaise est en faillite. Elle n'exerce plus son rôle de socialisation des enfants. D'où la dérive de mœurs, la montée du vagabondage et l'expansion du fléau des enfants de la rue.

La politique de la famille est une grande urgence, dont les priorités seront :

- La remise à l'honneur du mariage.
- L'éradication de la prostitution des mineurs.
- Une lutte implacable contre l'alcoolisme et la drogue.
- L'extinction du phénomène des nuisances sonores.
- La mise à l'abri de la jeunesse de la voyoucratie en faisant de la télévision le prolongement de l'école et le petit écran du rayonnement des vertus.

Le Prêt Logement Familial (PLF) sera créé. S'inspirant de l'Office des Cités Africaines (1952-1960), de la Caisse Nationale d'Epargne et de Crédit Immobilier en 1971, de l'Office National de Logement dissous en 1987 ou du Logement Economique (1986-1988), l'Etat reprendra le programme de construction immobilière afin de permettre au chef de famille ayant un emploi ou exerçant une quelconque activité professionnelle légale de devenir propriétaire d'un logement à sa taille.

Cette famille nouvelle, cette jeunesse neuve, ce Congo renaissant a besoin de sécurité intérieure. La sécurité sera le devoir crucial du nouvel Etat. Dans le cadre de la municipalisation de l'autorité de l'Etat, des *Programmes de Sécurité et de Cohésion Sociale de Proximité* (PSCSP) seront proposés aux communes et autres collectivités locales pour efficacement mettre en œuvre des objectifs de sécurité publique et de paix sociale.

Mais avant d'être policière ou militaire, cette sécurité sera d'abord et surtout un droit des familles à l'égalité des chances, pour que les citoyens de notre pays puissent, dans un environnement économique et social solidaire, mettre en œuvre leurs talents et leurs compétences, sans que la situation sociale soit un handicap. Chaque Congolais doit se sentir prêt à être performant et à prendre davantage de responsabilités. Voilà pourquoi la politique de la famille devra principalement être une politique d'équilibre social qui donne à chacun sa chance, à chaque famille sa stabilité, à l'Etat tout son sens et à la société sa cohésion durable et féconde. Or sans éducation de nos enfants, pas d'équilibre social. Cette éducation ne se fait pas qu'à l'école, elle commence par l'éducation parentale. Elle est d'abord exemplarité dans la famille : nos enfants ont besoin d'exemples dans la famille, dans la société, qui leur servent d'auto-leçon de développement des talents et de décision d'itinéraire de vie.

Garantir à tous la meilleure éducation possible, encourager chacun à donner le meilleur de lui-même, permettre à chaque famille d'avoir un logement décent pour éviter que la promiscuité invite les enfants dans le tunnel obscur de l'errance, enseigner la rectitude morale et les règles de la bienséance à la télévision, dans des chansons, par le théâtre, dans la rue par l'affichage civique, à l'école et dans la famille, afin que toutes les capacités intellectuelles du pays puissent se développer, assurer le renouveau et la cohésion du pays en réduisant le chômage, en améliorant le marché de l'emploi pour que le parent qui travaille redevienne le modèle de l'enfant et son premier instructeur, garantir l'hygiène publique et la propreté collective, combattre la pollution sonore et le vagabondage des mineurs, telle est ma politique de la famille.

Une Nouvelle Armée
pour une Nouvelle République

Le chantier de redressement national exige un système moderne de défense nationale. A cet effet, les armées du Congo seront reconstruites comme un pilier de l'édifice républicain. Un programme ad hoc de professionnalisation des armées sera résolument engagé, avec comme missions impérieuses : mieux assurer la sécurité des citoyens, protéger professionnellement les frontières du pays, sécuriser nos intérêts nationaux, refaire le prestige du Congo et redresser la dignité du Congolais.

Pour lancer ce vaste et sensible chantier, il faut au préalable lever l'hypothèque du pullulement des bandes armées de prédation, des milices affairistes et des commandos charognards qui sèment gratuitement la désolation, la destruction et la mort, et font obstruction à l'avènement de la paix. En rappelant que le préjudice d'agression subi par le Congo suppose réparation, nous proposons que cette obligation de réparation se transforme en un Programme International d'Imposition de la Paix et de Sécurisation des Frontières du Congo. Cela nécessitera une Monuc requalifiée et pourvue de capacités renforcées de dissuasion et d'extinction rapide de tout mouvement armé, à travers une solidarité internationale recentrée sur l'impératif du règne effectif de l'autorité de la loi internationale dans les Grands Lacs, et sur des objectifs de neutralisation du trafic d'armes dans la région, d'anéantissement des réseaux d'affairistes ivres de gemmes et autres maffieux belliqueux. La dimension régionale du plan, c'est le partenariat pour la paix et le co-développement. Les pays de la région seront conviés à construire un espace neuf fait d'échanges solidaires dans tous les domaines et de projets intégrateurs concertés, pour détruire la haine, ensevelir la méfiance, bannir l'intolérance, bâtir la fraternité régionale et asseoir l'entente cordiale dans les Grands Lacs.

Au niveau national, en s'appuyant sur le programme international d'imposition de la paix et de sécurisation des frontières du Congo, le gouvernement engagera le plan « Nouvelle Armée pour la Nouvelle République », avec ceci comme axes :

- Démobilisation intégrale des miliciens ex-forces belligérantes.

- Programme de réhabilitation des camps et casernes militaires pour un nouveau recrutement et un nouveau système de formation militaire, par des officiers instructeurs congolais et dans le strict respect des règles de l'art militaire.
- Déclaration de la République Démocratique du Congo comme zone exempte d'armes de guerre pendant cinq ans.
- Ultimatum de 30 jours au terme duquel délai, toute personne en possession d'armes de guerre sera déclarée criminelle de guerre et châtiée comme telle.
- Lancement d'un moratoire sur les achats d'armes et d'engins militaires, et affectation prioritaire des moyens de la République au Plan Triennal de la sécurité alimentaire.
- Reconstruction d'une défense nationale indépendante et lancement d'un plan de remise à niveau de notre effort de défense, au travers d'une loi de programmation militaire décennale.

Assurer l'indépendance militaire du Congo

La Défense est, par nature, le bras de la volonté nationale, et d'elle seule. Le Congo doit sortir de la tradition inféconde de la formation de ses militaires par des étrangers, pour mettre en action un système de formation militaire imaginé, tenu, entretenu et exécuté par des officiers congolais. Une telle position n'exclut évidemment pas que les militaires congolais aillent à la conquête des nouveaux savoirs militaires à l'extérieur, et que, dans le respect de la souveraineté nationale, ils participent à des formations issues de coopérations à caractère technique ou ayant pour but les échanges stratégiques d'informations.

Développer l'esprit de défense chez les Congolais

Les conflits modernes accroissent le rôle des facteurs psychologiques dans les questions de défense. Il est donc du devoir de l'Etat d'exalter l'amour de la Patrie et la fierté nationale, de faire prendre conscience aux Congolais de la fragilité de leurs libertés et de leur souveraineté. Nous allons, par conséquent, lancer le concept Garde Patriotique *(GP)*. La mission ?

- répandre dans la masse mais surtout dans la jeunesse, l'esprit de défense de la patrie, et entretenir dans le pays une citoyenneté agissante ;
- servir de réservoir de personnel militaire déjà formé pour compléter les forces armées en cas de périls divers menaçant la patrie ;
- participer au maintien de l'ordre en renfort de la gendarmerie ;
- assumer certaines tâches de support ou de soutien au profit des armées.

Le recrutement et l'entraînement des volontaires de la Garde Patriotique comprendra trois phases : une phase d'orientation courte de type préparation militaire, une phase d'acquisition de spécialité donnée au cours d'une période bloquée et une phase de perfectionnement par rappel pour des périodes courtes.

Redonner à nos armées la considération qui leur manque

L'Etat se doit d'honorer, tant au plan moral que matériel, ceux des Congolais qui mettent leur idéal et leur vie au service de la Patrie. Le relèvement des soldes devra tenir compte du niveau de connaissances et de compétences exigées par les servitudes du métier des armes.

Récréer la Gendarmerie

La gendarmerie sera reconstruite et déchargée des missions administratives, pour être réorientée, conformément à la vocation universelle de ce corps, vers ses missions traditionnelles de sécurité et de défense, avec des moyens de faire face aux calamités naturelles (incendies, inondations...), aux accidents divers, aux conséquences d'actions de terrorisme et de sabotage.

Créer un organisme de défense des frontières

Cet organisme, équivalent du Secrétariat général de la défense nationale, permettra le regroupement sous une même autorité de responsabilités et de moyens aujourd'hui dispersés entre les forces armées, les services de renseignements, les services de police, les douanes et les services fiscaux. Il aura pour mission d'identifier les grandes filières d'immigration clandestine, de trafic de drogue, d'armes et de matières dangereuses, de mettre hors d'état de nuire les associations de malfaiteurs de type maffieux opérant sur le territoire congolais ou s'attaquant à ses intérêts, de démanteler la délinquance financière et toutes les infiltrations dévastatrices.

Redonner un niveau réellement opérationnel aux forces de réserve

La création de la Garde Patriotique et l'appel au volontariat pour les forces armées redonneront utilité et intérêt aux réserves. Ces personnels se verront dotés d'un statut de carrière calqué sur celui des militaires professionnels, et affectés d'une solde équivalente à celles de leurs camarades actifs durant les périodes de rappel en activité. Ils bénéficieront des crédits d'entraînement afin de maintenir constant et intact leur potentiel opérationnel.

Soutenir une industrie nationale d'armement

Le Congo ne restera réellement indépendant que s'il crée la capacité de produire la plupart des armes nécessaires à sa défense. Cet impératif ne nous empêche évidemment pas de recourir, le cas échéant, à des coopérations avec nos alliés, notamment en vue de la production des matériels les plus courants ou de ceux qui permettent des solutions industrielles partagées.

Développer une forte capacité d'intervention navale

Le Congo doit, le plus rapidement possible, se donner une force navale capable d'intervenir dans toutes les zones fluviales et lacustres présentant un intérêt stratégique. A côté de ses missions de souveraineté dans nos eaux territoriales pour lesquelles sera créé un corps de garde-côtes, la force navale devra être dotée des capacités renforcées et consolidées de protection de nos communications et approvisionnements, en s'équipant en radars aéroportés, en bâtiments de lutte anti-aérienne, tout en lançant la perspective d'un programme d'équipement de la force navale en flotte d'hélicoptères navalisés, et pourquoi pas en frégates légères.

Créer une force terrestre d'intervention infrangible et surentraînée

Notre Armée de terre sera structurée autour d'une puissante Force d'intervention terrestre polyvalente d'une dizaine de grandes unités, particulièrement bien équipées en hélicoptères de combat, en missiles antichars et antiaériens, en blindés moyens et légers, y compris pour la division parachutiste et les troupes navales. Nos unités de combat, composées d'un personnel de métier engagé de longue durée, seront dotées des effectifs (100.000 hommes opérationnels : 6.000 hommes par région militaire, 20.000 hommes constitutifs de la force spéciale d'appui interarmes Ouest basée à Kinshasa et 20.000 autres pour la même force spéciale d'appui interarmes Est à Kindu, au centre du pays), et des matériels destinés à leur permettre de faire face avec succès à leurs engagements.

Accroître les moyens opérationnels de nos forces aériennes

Les forces aériennes, précieuses pour des opérations de neutralisation ou de rétorsion dans un pays continental comme le Congo, permettront à notre armée de frapper fort, instantanément et sans risque d'enlisement. Le pays disposera d'un parc modernisé d'avions de combat en ligne.

Ma vision de l'Afrique et de la mondialisation

Depuis l'effondrement du mur de Berlin, une certaine citoyenneté planétaire prend forme, en redonnant vigueur à la croyance en une communauté internationale fraternisée. Depuis lors, un vent d'optimisme souffle, et de nouveaux concepts émergent : le multilatéralisme, la légalité internationale, la prévention des conflits, le maintien de la paix, le droit d'ingérence humanitaire, l'interdiction des armes chimiques, l'interdiction des mines anti-personnel, la mise sur pied de la Cour Pénale Internationale...

Cette maturation planétaire des mentalités devait rendre caduques les rapports de force, le fait accompli, l'unilatéralisme, le recours à la guerre pour régler les conflits... Et pourtant, de graves crises et des comportements à la fois unilatéralistes et belliqueux persistent. L'ONU, qui a été conçue, dès l'origine, comme la réunion de tous les Etats quels qu'ils soient pour assurer la sécurité mondiale, avec une direction - le conseil -, mérite des réformes audacieuses, pour ne pas freiner la dynamique de la citoyenneté planétaire incarnée par l'Internet et les médias.

En effet, une Assemblée Générale de cent quatre-vingt-onze Etats, un Conseil de Sécurité de quinze membres dont cinq permanents dotés d'un droit de veto, et dont les pouvoirs et les rapports sont régis par une charte, ne peuvent qu'être lourds et lents. En outre, quelque chose de spécieux se développe aux Nations unies : le virus de la fonction publique internationale où des opportunistes profitent des missions de maintien de la paix non point pour participer efficacement au règlement des différends mais tout simplement pour faire carrière au milieu de crises, de catastrophes, de drames et de tragédies.

Quoi qu'il en soit, une forme d'opinion publique mondiale émerge. Militants associatifs, syndicalistes ou universitaires, des femmes, des hommes, des jeunes se mobilisent à travers le monde de façon concertée. Ce mouvement témoigne d'une prise de conscience des enjeux politiques de la mondialisation : la qualité de l'environnement, les droits sociaux des travailleurs, la protection des consommateurs, le développement des pays du Sud, la diversité culturelle, l'amélioration de la capacité de *gouvernance* ou de *régulation* des organes spécialisés des Nations unies, des institutions de Bretton-Woods qui d'ailleurs, à l'origine, avaient été conçus comme faisant partie du système des Nations unies, et de l'organisation mondiale du commerce…

Cet immense chantier de la construction d'une architecture internationale de régulation efficiente de la mondialisation politique doit être porté par tous les Etats. La RDC doit assumer pleinement toute sa responsabilité dans la redéfinition de cet ordre mondial multipolaire, fondé sur le droit et la souveraineté des Etats.

Partenariat pour la paix et le co-développement
dans la région des Grands Lacs.

Il est venu le temps de redonner à la paix et à la stabilité dans les Grands Lacs leur fonction civilisatrice de protection des citoyens, de préservation de l'intérêt général, d'affirmation des valeurs et des attitudes neuves et modernes, qui véhiculent les idées de la non-violence, du respect des libertés et de la promotion des droits fondamentaux de chaque personne.

Il est venu le temps de comprendre que la paix dans les Grands Lacs doit être un système de sécurité solidaire, réciproque, coopératif et régional, amenant chacun des Etats à prendre toute la mesure de l'impérieuse nécessité de la remise en cause de l'approche strictement militaire de la protection des frontières, pour que s'impose une autre conception de la sécurité régionale, axée sur la préservation des vies humaines, basée sur une nouvelle hiérarchie de priorités, dont le fondement sera l'éradication de l'extrême pauvreté des populations, et le respect des exigences de démocratie, des droits de l'homme, de la gouvernance intègre et de la préservation de l'environnement.

Le chantier de la fraternité régionale

Il nous faut et nous allons bâtir une nouvelle communauté régionale dont l'ambition sera d'asseoir un immense espace de développement concerté, où les pays de la région agenceront solidairement des programmes communs d'extinction du sous-développement, répartiront harmonieusement les possibilités de production, organiseront mieux les échanges, afin que cette coalition solidaire des efforts de développement rapproche les peuples de la région, unisse leurs volontés, fraternise leurs esprits, soude leurs cœurs, et permette enfin une « maîtrise partagée du savoir, de la science et de la technique », pour relever synchroniquement le défi de la requalification des ressources humaines de la région... Cette nouvelle approche est sans nul doute d'une urgente importance !

L'Afrique Médiane pour une Afrique centrale coalisée, désenclavée et ouverte sur le monde

L'évidence de l'interpénétration des cultures aujourd'hui rendue inopérante par l'intolérance, et la richesse des effets de mélange paralysée par l'exaltation de la haine, se transformeront en moult gisements de travail coopératif et d'opportunités innombrables d'investissements avec « la mise en place d'un système interconnecté de transports et communications ».

Ce vouloir-vivre collectif régional s'exprimera avec davantage de force si l'on prend conscience qu'avec, par exemple, les splendeurs de la source du Nil, les plantureux parcs hébergeant des trésors faunistiques, les paysages inouïs desdits grands lacs, l'impétuosité des splendides et innombrables cataractes, le spectacle prégnant des volcans, une flore luxuriante et une inventivité artisanale captivante et riche… offrent à la région des Grands Lacs l'occasion de circonscrire le circuit touristique champêtre le plus attrayant du monde. Ceci dégage la nécessité d'une élite régionale au service de ce co-développement. L'abondance des échanges entre chercheurs, experts et techniciens de la RDC, du Rwanda, du Burundi et de l'Ouganda éliminera un à un tout ce qui mine la concorde dans la région. La solution du conflit devra donc aussi transiter par la marche volontariste de la région vers son désenclavement géographique et psychologique. D'où la perspective de l'Afrique Médiane, pour que les citoyens et les Etats de la région deviennent membres d'un espace communautaire pleinement ouvert sur le monde, s'étendant de l'Océan Atlantique à l'Océan Indien, persuadant les peuples d'adhérer totalement à la civilisation de la science et de la technique, en vue de mouvoir dignement comme citoyens du monde, et plus jamais comme citoyens des ethnies ou des tribus. Cet élan s'incarnera dans des programmes visant la promotion de la culture de la paix à l'école, par le théâtre, par la musique et par le sport.

Pour une Entente de l'Atlantique Sud

La paix durable au Congo, ce n'est pas seulement l'Est ! Voilà pourquoi nous proposons une Entente de l'Atlantique Sud (EAS) entre la République Démocratique du Congo, la République du Congo, le Gabon et l'Angola. Trois domaines fondamentaux feront le soubassement de cette alliance de la côte atlantique : la coopération sécuritaire et militaire, la mise en place d'une intégration économique stable basée sur le transit des biens et services, et les échanges en matière d'exploitation des ressources énergétiques. Les objectifs de l'EAS sont :

- Faire admettre la nature complémentaire des aspects politiques, économiques, culturels et militaires de la paix et de la stabilité dans cette partie de l'Afrique.
- Faire prendre conscience de la relation mutuelle qui existe entre la sécurité de chaque Etat de l'Entente et la sécurité de toute la sous-région de l'Atlantique Sud.
- Parvenir à créer un réseau ferré et routier sous-régional interconnecté.
- Harmoniser l'administration douanière.
- Créer un organisme sous-régional d'échanges d'expériences en matière d'exploration et d'exploitation pétrolières.
- Mettre en place un système de gestion concertée des ports maritimes.
- Développer des échanges dans le domaine énergétique, en mettant sur pied un plan d'action pour l'exploitation de l'énergie électrique à des fins d'industrialisation, et un plan d'électrification des milieux ruraux dans les pays de l'Entente.

L'OHADA

Le choix d'une ambition africaine

De l'organisation inter-africaine pour promouvoir l'unité, la solidarité, l'indépendance et l'intégrité territoriale des Etats africains le 25 mai 1963 à Addis-Abeba, à la transformation de l'OUA en UA, dans une perspective d'intégration économique et monétaire en juillet 2001 à Lusaka, l'avenir de l'Afrique soulève des questions légitimes. L'Afrique ne risque-t-elle pas de disparaître comme lieu de travail, de production, d'investissement, de création et de rencontre de l'offre et de la demande des biens et services solvables ? Comment ouvrir cette Afrique à une mondialisation qui veut dire fusion d'intelligences et de volontés ? Comment faire pour que les citoyens de l'Afrique se sentent capables de construire un continent qui produise des hommes de qualité, un environnement de vie de qualité, des idées de qualité, des biens et services de qualité ?

Attentifs à ces interrogations, quelques Etats francophones d'Afrique (Bénin , Burkina Faso, Cameroun, Sénégal, Mali, Guinée Bissau, Niger, Côte d'Ivoire, Togo, Guinée Equatoriale, Tchad, Gabon, Congo Brazzaville, Comores, Guinée Conakry), réunis le 17 octobre 1993 à Port-Louis (Ile Maurice), ont décidé d'engager une réflexion en profondeur axée sur la construction d'une communauté économique africaine dont la raison d'être sera fondée sur l'unification du droit des affaires, en créant, d'une part, un espace juridique commun par la promulgation d'Actes uniformes applicables dans tous les Etats membres, et d'autre part, par la création d'un espace judiciaire commun par l'institution d'une Cour commune de justice et d'arbitrage. Cette perspective juridique s'appelle l'*Organisation pour l'Harmonisation en Afrique du Droit des Affaires*, en sigle : l'OHADA.

La République Démocratique du Congo doit instamment rejoindre cette dynamique, où il est question que l'Afrique francophone bâtisse un droit unique qui dynamise l'économie régionale, en créant un espace concerté et harmonisé de travail, de production et de création des richesses, englobant les instruments régulateurs de l'acte d'investir que sont notamment le droit des sociétés, le statut juridique des commerçants, le recouvrement des créances, les sûretés et les voies d'exécutions, le régime du redressement des entreprises et de la liquidation judiciaire, le droit de l'arbitrage, le droit du travail, le droit comptable, le droit de la vente et du transport... La vie des affaires en République Démocratique du Congo souffre :

- de l'inadaptation de notre droit face aux réalités du monde moderne ;
- des lacunes de notre droit des sociétés ;
- de la désuétude de notre droit de la faillite ;
- de la réfraction aux progrès de la science juridique, par exemple en matière de droit de la concurrence, de droit des sociétés civiles, de droit des assurances ou encore en matière de droit des sociétés civiles, de droit des assurances ou encore en matière de droit des sûretés et des voies d'exécutions ;
- de l'archaïsme et l'obsolescence d'une large part du droit processuel ainsi que des avatars du système judiciaire ;
- du vieillissement de notre droit comptable par rapport aux normes internationales.

L'insécurité juridique et judiciaire qui gangrène la vie des affaires au Congo sécrète un contexte prohibitif pour les investissements. Elle entrave donc le développement du secteur privé. Aussi, l'OHADA apparaît comme le remède efficace qu'appelle ce triste diagnostic de notre droit des affaires. Face à la mondialisation qui permet l'universalisation du marché et la libéralisation des échanges, une question surgit : quelle doit être l'attitude du Congo ?

Pour profiter pleinement des avantages qui accompagnent la mondialisation et partant du fait d'éviter le risque de marginalisation, le Congo doit être moteur d'une dynamique de coopération et d'intégration économique régionale, tout en étant au centre des grands regroupements à l'instar des autres continents. L'absence d'harmonisation, sinon d'unité, de règles de droit applicables aux relations économiques et commerciales est source d'incertitude, d'insécurité juridique et judiciaire. L'OHADA met en place un système juridique uniforme régissant le droit des affaires au sens large (droit commercial général, droit des sociétés commerciales, droit de sûretés, procédures simplifiées de recouvrement et voies d'exécution, procédures collectives d'apurement du passif, droit de l'arbitrage, droit comptable, droit du transport des marchandises par toutes) dans un vaste espace territorial et regroupant la quasi-totalité des pays africains qui partagent avec la République Démocratique du Congo un même patrimoine juridique et culturel.

En effet, la perspective d'intégration économique en Afrique implique naturellement une intégration juridique dont la République Démocratique du Congo ne peut s'écarter sans froisser la perspective africaine, en bannissant l'isolement ou la solitude juridique de tel ou tel autre Etat membre de l'Union Africaine. Il est heureux que le gouvernement de la République Démocratique du Congo ait non seulement rendu publique sa détermination à rejoindre l'espace juridique uniforme le plus avancé au regard des progrès de la science juridique, mais surtout qu'il ait symboliquement amorcé l'exécution des engagements pris à travers deux lettres d'intention adressées au Fonds monétaire international (juillet et décembre 2003).

Avantages et inconvénients de l'adhésion de la RDC à l'OHADA

Parmi les avantages que présente l'adhésion de la République Démocratique du Congo à l'OHADA, l'on peut dénombrer ceux-ci :

- La disposition des textes juridiques simples et techniquement performants.
- L'entrée dans un marché étendu et en voie d'expansion : facilité des échanges à travers les frontières.
- La communication et le transfert des techniques modernes de gestion des entreprises.
- La sécurité juridique et judiciaire des entreprises, restaurant ainsi un climat de confiance : un opérateur économique non satisfait par une décision rendue par les tribunaux de commerce de la République Démocratique du Congo peut la soumettre à la CCJA, juridiction garantissant l'indépendance de la justice.
- La participation à l'intégration économique face à la mondialisation.

Il y a une nécessité d'adapter les formes des sociétés commerciales congolaises aux exigences du marché international des capitaux ; la récente réforme de la loi minière, du code forestier, de la loi sur les télécommunications et de l'organisation des tribunaux de commerce ne constitue pas encore un cadre de sécurité juridique et judiciaire des investissement directs tant nationaux qu'étrangers. En effet, les formes des sociétés commerciales qu'offre la législation congolaise aux investisseurs privés nationaux et étrangers ne sont pas compatibles notamment avec la cotation en bourse, avec la capacité de transférer des capitaux d'une société à une autre dans un temps record, sans compter le principe d'association tant décrié qui impose aux étrangers de réserver au moins 40% du capital social aux nationaux et le régime des autorisations présidentielles contraire à la rapidité des affaires. L'obtention par un opérateur économique d'un numéro au registre du commerce et du crédit mobilier lui permet d'exercer ses activités indifféremment dans tous les Etats parties.

Les inconvénients existent. A l'heure où la bonne gouvernance et la promotion de l'Etat de droit reviennent sans cesse dans le discours des bailleurs de fonds, il serait temps que ceux-ci supportent davantage cet outil qui a fait les preuves de son efficacité.

Cependant, l'adhésion doit se préparer minutieusement en divers séminaires d'information et ateliers de formation afin de déterminer ensemble les conséquences juridiques de l'adhésion. L'article 10 du traité précise sans détour que *« les Actes uniformes sont directement applicables et obligatoires dans les Etats-parties, nonobstant toutes dispositions contraires de droit interne, antérieur ou postérieur »*. Aussi, cela impliquerait que l'actuel droit positif congolais soit remplacé par celui de l'OHADA avec comme conséquence que l'Etat congolais devienne un Etat sans passé juridique. Egalement, l'intervention du droit de l'OHADA jusque dans la sphère du droit pénal peut justifier de précautions prises au nom de le souveraineté nationale.

De plus, sur certains de ses aspects, le droit congolais actuel des affaires a déjà des innovations réelles et positives de sorte que celui-ci donne des règles plus appropriées de sorte qu'on ne verrait pas pourquoi il faut les abandonner. L'exemple porte sur le droit commercial congolais actuel qui définit les commerçants comme étant les personnes qui font profession des actes qualifiés par la loi.

Aussi, l'article 2 du Traité se substituera au texte congolais actuel en définissant les commerçants comme les personnes qui accomplissent des actes de commerce et en font leur profession habituelle. C'est un recul pour le droit congolais car l'OHADA inclut le concept habitude alors que l'Etat congolais l'avait abandonné.

La faiblesse du droit des affaires OHADA se situe également sur le fait qu'il n'a qu'une seule source : les Actes Uniformes, lesquels sont élaborés sans que des Travaux préparatoires soient sauvegardés et mis à la disposition des juristes. Or, en droit, toute source de droit n'est pas le droit lui-même de telle sorte que si nous nous trouvons devant une lacune, devant une question exigeant une interprétation, les solutions sont obtenues par les auteurs en se référant au système juridique français. Aussi, le droit des affaires OHADA se trouve être un droit jeune et inondé de positions doctrinales prises.

Le souhait est que l'Etat congolais devrait trier parmi les règles du droit des affaires OHADA et retenir celles qu'il considère comme un réel progrès.

Le monde a besoin de relations économiques équitables

Les prévenances de l'aide internationale annulent la coopération, déstabilisent l'Etat dans ses responsabilités régaliennes, désorganisent la République dans ses stratégies, paralysent la nation dans ses moyens, et installent le pays dans l'inaction, dans l'irréflexion et dans la résignation.

Il faut donc que jaillisse l'étincelle du renouveau congolais par notre volonté et notre hardiesse, et que le réveil de nos forces immanentes indique la route de la félicité congolaise, parce que la destinée d'une nation dépend de la manière dont travaille son peuple. C'est en prenant conscience de cet état de choses que nous deviendrons aptes à consentir à notre chantier de redressement et de développement les sacrifices de pensées audacieuses et de braves actions qui sont le fait des peuples qui ont confiance en eux.

Prenons donc cette résolution à partir d'aujourd'hui : le pain que nous mangeons, nous devons le gagner par le travail de nos bras et de nos cerveaux ; l'outil que nous utilisons, nous devons être en mesure de le fabriquer en convoquant notre génie propre.

Réformer les Institutions de Bretton-Woods

La conférence qui s'ouvre le 1er juillet 1944 à Bretton-Woods, petite ville du New Hampshire aux Etats-Unis, est convoquée par un communiqué commun du Trésor américain et du Trésor britannique. Deux nations très proches mais deux projets très opposés sur la régulation du système monétaire international. Il fallait trancher ! Le 11 février 1942, l'économiste John Mayard Keynes soumet au gouvernement britannique le projet de la Grande-Bretagne. En avril 1943, ce projet est présenté à la chambre des Communes. Il propose la création d'une *Chambre Internationale de Compensation* au sein de laquelle se seraient compensés les règlements entre Etats dans une nouvelle unité de compensation, le *bancor,* dont la valeur aurait été fixée par rapport à l'or et aurait été ajustable. Chaque pays se serait vu allouer un plafond calculé en fonction du volume de son commerce extérieur. Ceux qui auraient enregistré un solde débiteur auraient été tenus de prendre des mesures de redressement dès qu'ils auraient dépassé 25% de leur plafond (dévaluation de leur monnaie, contrôle des changes, règlement d'une partie du déficit en or ou en devises), mais ceux qui auraient dégagé un solde créditeur égal à 50% de leur plafond auraient été aussi contraints de prendre des mesures correctrices (réévaluation de leur monnaie, abaissement de leurs droits de douane).

Le projet américain est l'œuvre de Harry Dexter White, un haut fonctionnaire du Trésor américain. Il le présente le 8 mai 1942. Il propose la création d'un *Fonds de Stabilisation des Nations-Unies et Associés,* dont les crédits octroyés à un pays devaient être fixés dans la limite d'une quote-part représentant son poids économique et financier. Chaque pays pouvait accroître ses avoirs en devises en cédant sa monnaie nationale. Contrairement au projet britannique, ici, les crédits ne sont pas liés au règlement des transactions mais aux besoins des banques centrales, et les efforts d'ajustement sont demandés exclusivement aux pays débiteurs. Manifestement donc, il n'était pas question d'établir un nouvel ordre monétaire international, mais de développer les échanges et les investissements en revenant rapidement à des monnaies stables qui devaient redevenir convertibles. Le but était bien la suprématie planétaire du dollar.

Le projet américain triomphe ! Le FMI est né. Mission principale : *surveiller le système monétaire international et favoriser à la fois l'élimination des restrictions de change applicables au commerce des biens et services et la stabilité des taux de change.* La Belgique est le premier bénéficiaire des droits de tirage créés en 1952, avec un emprunt de 50 millions de dollars destiné à consolider ses réserves en devises.

En 1973, la guerre de Kippour éclate. Le 16 octobre, les dix membres de l'organisation des pays arabes exportateurs de pétrole (OPAEP) décident d'un embargo complet envers les Etats-Unis, les Pays-Bas, le Portugal et l'Afrique du sud, jugés trop pro-israéliens. L'OPAEP décide de réduire la production de pétrole brut arabe de 5% chaque mois, jusqu'à ce que les Israéliens se soient retirés des territoires occupés. Le prix du baril est porté de 3 à 5,12 dollars. Décembre 1973, l'OPEP fixe le prix du baril à 11,65 dollars. C'est le premier choc pétrolier. 1978, débute la guerre Iran-Irak. Le prix du pétrole brut passe de 12,70 dollars en décembre 1978 à 32 dollars à la fin de l'année 1980. La croissance mondiale chute de 3,4% en 1979 à 1% en 1980. L'inflation mondiale passe de 8,9% à 11,5%. L'endettement international enfle, et les pays industrialisés comptent 23 millions de chômeurs en 1980. C'est le deuxième choc pétrolier.

Le FMI commence à exercer le rôle de médiation entre les Etats endettés et les créanciers publics et privés. Ainsi s'instaure la politique de suivi des vicissitudes économiques des pays en développement. Au volet macroéconomique de l'ajustement s'ajoute le volet de reformes structurelles dans le cadre de programmes de financement soumis à une conditionnalité de plus en plus forte. Qui plus est, le Fonds subordonne la mise en œuvre de ces programmes à un programme d'ajustement structurel soutenu par un concours financier (accord de confirmation, accord élargi ou facilité d'ajustement structurel pour les pays à faible revenu) et améliore ses différents concours pour encourager ces programmes.

Au lieu de *placer l'œuvre générale de développement* au centre de son action, le Fonds adopte un mode de fonctionnement inégalitaire, discriminatoire, opportuniste, et à certains égards, spéculatif. En Afrique noire, le Fonds accompagne la paupérisation des sociétés. Ailleurs, l'assistance financière s'ajuste aux attentes pour soutenir l'émergence économique.

Le premier pays bénéficiaire est le Mexique, en 1994-1995. La crise de sa monnaie, le *peso*, est présentée comme la première crise de la globalisation financière. Dans l'urgence, à la suite du refus du Congrès américain d'approuver un soutien financier de 40 milliards de dollars, le FMI accorde, sans consultation de son Conseil d'administration, un concours de 18 milliards de dollars en complément d'un prêt américain de 20 milliards de dollars. Lors de la crise financière asiatique de 1997-1998, le FMI débloque, en deux ans, des prêts d'un montant de 3 milliards de dollars à l'appui des politiques de stabilisation et de réformes structurelles conduites par la Corée, la Thaïlande et l'Indonésie. En juillet 1998, le FMI accorde 6,3 milliards de dollars au titre de financement de l'aide à la Russie qui n'était pas encore membre de plein exercice du Fonds.

Le Congo est catégorisé pays pauvre très endetté en période post-conflit. A ce titre, il bénéficie d'un appui financier international particulier, estampillé *Programme Minimum de Partenariat pour la Transition et la Relance.* 23 bailleurs de fonds bilatéraux et multilatéraux sont au chevet du Congo. Mais le coût total de leur assistance sur sept ans, de 2001 à 2007, n'est que de 8,6 milliards de dollars, soit 21 dollars par habitant et par an, alors que l'Union européenne consacre, à titre de subvention agricole, 730 dollars par an et par vache, soit 2 dollars par vache et par jour. Ainsi donc, quand la vache européenne reçoit un peu plus de 300 dollars, l'individu congolais n'a qu'un seul dollar de cette aide internationale qui subjugue nos esprits, qui conditionne nos conduites et qui ensorcelle nos consciences. Parier donc sur l'aumône internationale pour se développer, c'est se résigner à la condamnation au sous-développement du Congo.

Outre cette mobilisation financière rachitique, il y a le poids des dettes anciennes qui compromet toute nouvelle entrée de capitaux étrangers, qu'il s'agisse de nouveaux crédits ou d'investissements directs. Qui plus est, l'ajustement externe, obtenu toujours par compression de la demande intérieure, décourage les activités tournées vers le marché local. Et lorsque le service de la dette extérieure pèse sur les exportations qui en permettent le remboursement, il bloque le développement du système productif. Cette dépense, en principe incompressible, diminue le degré de souplesse de la politique budgétaire.

En redressant l'historicité de la dette extérieure du Congo, on comprend mieux la ruineuse cherté de l'assistance financière internationale. Tout au début, la dette extérieure était contractée à des faibles taux d'intérêt, à des conditions généralement plus favorables que celles offertes par le marché. Mais les rééchelonnements des années 80 ont été effectués pour la plupart aux taux d'intérêt du marché et les arriérés d'intérêts se sont invariablement ajoutés au principal, augmentant d'autant l'encours de la dette. Le coefficient moyen du service de la dette est passé en vingt ans de 8% à 41%. Aujourd'hui, il faut reconnaître que l'endettement extérieur est devenu à la fois très *conditionnalisé,* très onéreux et manifestement indifférent aux préoccupations de développement économique et de progrès social.

Bien pire : le rééquilibrage incessant des finances publiques est souvent recherché par l'annulation des investissements publics. Or ces investissements concernent souvent des domaines stratégiques pour la croissance économique et sociale. Des goulots d'étranglement apparaissent et le niveau global des coûts de production s'élève, ce qui dégrade les conditions générales de rentabilité et pénalise tout investissement.

L'incertitude politique croissante et les risques permanents d'insurrection populaire ne sont pas non plus de nature à favoriser l'investissement. On comprend mieux dans ces conditions que les capitaux nationaux aient spontanément tendance à s'investir à l'étranger, dégradant encore davantage l'économie du pays.

La mondialisation économique reste donc encore à construire. Les Institutions de Bretton-Woods devraient explorer la méthode inductive, c'est-à-dire : expérimenter une démarche plus proche des réalités afin de mieux déterminer l'origine et les éléments constitutifs des déséquilibres. La chose la plus spécieuse dans le système de pilotage de la mondialisation par les institutions de Bretton-Woods, c'est la prééminence des solutions génériques et globales. Une démarche moins globalisante, plus itérative, privilégiant le cas par cas, procédant par des formalisations plus diversifiées, plus complexes, plus proches des réalités, dans l'approche des phénomènes et l'ordonnancement des thérapies, pourrait mieux conjurer l'inefficacité manifeste de la médication économétrique unique, applicable à tous les cas. Et enfin, pourquoi le FMI et la Banque Mondiale méprisent-ils le principe de pluridimensionnalité dans leurs interventions, quand on sait que la démarche pluridimensionnelle prendrait en compte des éléments de l'environnement géographique, institutionnel, culturel et humain, et serait moins sentencieuse mais plutôt respectueuse de l'originalité et de la souveraineté de chaque société ?

Pour avancer dans cette bonne direction et formuler une espérance pragmatique de transformation du système multilatéral vers une réelle et efficace régulation, il faut tirer parti de toutes les ressources des Nations unies. Le chapitre X de la Charte de l'ONU prévoit un Conseil Economique Social dont le pouvoir, selon l'alinéa de l'article 63, est de *coordonner l'activité des institutions spécialisées en se concertant avec elles, en leur adressant des recommandations, ainsi qu'en adressant des recommandations à l'Assemblée générale et aux membres des Nations-Unies.* Je propose que chaque session du Conseil Economique et Social ritualise deux séquences. La première, dans une sorte de « *Congrès consultatif mondial* » le Conseil Economique et Social devenu instance onusienne de décision politique, discuterait des grandes questions du monde avec les grandes ONG représentatives (*Amnesty International,*

Médecins sans frontières, Transparency International, Syndicats, etc...) Cette instance adresserait des rapports, des interpellations, des recommandations à la session traditionnelle du Conseil, où les ministres des Affaires Etrangères ou des finances du G8 vont débattre de toutes ces questions avec leurs collègues des pays en développement. Ainsi, par la concertation et dans un cadre multilatéral, tous les pays membres des Nations-Unies et les forces vives du monde entier prendront, ensemble, la responsabilité de la régulation de la mondialisation. Ce besoin de régulation concertée concerne principalement la réforme nécessaire du FMI et la modernisation indispensable de la Banque Mondiale qui, avec ses 9.000 employés et ses capacités d'intervention (25 milliards de dollars en 2003 à travers ses différents instruments de financements ou de garanties), est l'organisation internationale la plus puissante de la gouvernance de la mondialisation.

L'ONU pour une autre surveillance globale

Il n'est pas inutile de rappeler que la réforme de la charte est quasiment impossible puisqu'elle nécessite l'accord des deux tiers des Etats membres, et surtout celui de la totalité des membres permanents du Conseil de sécurité. Mais la résignation aux politiques dictées par les puissances dominantes et l'acceptation du fonctionnement routinier d'une organisation mondiale de moins en moins énergique, laissant de la place pour quelques reformes clés, notamment :

- Amener l'ONU à exercer un réel contrôle sur les ventes d'armes, en enjoignant les Etats à prendre des engagements législatifs conséquents, en augmentant les moyens et les pouvoirs d'Interpol, en renforçant les dispositions internationales de poursuite, de jugement et de sanctions des trafiquants d'armes ;
- Lancer, dans le cadre de l'ONU, l'idée d'une Convention Internationale de lutte contre les paradis fiscaux ;
- Susciter l'avènement d'un nouveau système d'aide au développement qui donne priorité à la possibilité de production in situ, en Afrique, des produits génériques des médicaments contre des pandémies telles que le sida, la malaria, la tuberculose... ;
- Amener l'ONU à créer une Organisation Internationale de l'Environnement (O.I.E), qui veillera à déclarer patrimoine de

l'humanité, l'air, l'eau et la forêt, tout en préconisant des fonds de contrepartie en faveur des pays du Sud comme la RDC, qui rythment les actions de développement en harmonie avec un patrimoine préservé et respecté.

Créer la Nation Congolaise Mondiale

Bien que le Congo vive les heures les plus difficiles de son existence, c'est toujours dans la qualité de ses enfants et nulle part ailleurs qu'il puisera les moyens et les armes du sursaut pour le redressement national. Cet appel du pays vaut tous les sacrifices et réclame les apports de tous. Ce qui est en cause, c'est la dignité des hommes et des femmes d'origine congolaise, peu importe le lieu de leurs vies respectives.

Mais cette exigence de fraternité congolaise mondiale pour le salut du Congo ne pourra être féconde que si le pays intérieur propose des justes causes aux énergies, aux compétences et aux capacités congolaises éparpillées dans le monde. C'est ici le lieu de dire que les Congolais de l'étranger représentent aujourd'hui une telle puissance économique, une telle expérience professionnelle et intellectuelle qu'il est suicidaire que la République ne les intègrent pas comme composante prépondérante du chantier du redressement national.

A cet effet, un Ministère de la Communauté Nationale à l'extérieur sera créé et aura pour mission de consolider l'idée de la nation congolaise mondiale, en créant un système planétaire de liens inextricables entre Congolais, capable de transformer les avoirs et les savoirs congolais à l'étranger en actifs financiers, commerciaux et industriels pour le redressement national. Au-delà d'un ministère comme lieu commun des Congolais de l'étranger, la Nation Congolaise Mondiale devra inventer la nouvelle citoyenneté congolaise, en éliminant toute forme de distance entre Congolais, et tout éloignement entre le Congo et tous les Congolais. Il sera question que les Congolais d'ici et ceux de la diaspora sentent dans leur cœur qu'ils sont un même peuple, qu'ils ont une même destinée, qu'ils forment une communauté d'idées, d'intérêts, d'affections, de souvenirs, d'espérances, de combats, et, par conséquent, qu'ils doivent marcher ensemble malgré les distances, travailler ensemble malgré les différents niveaux de développement, ensemble combattre, vivre et mourir les uns pour les autres malgré les nationalités de leurs passeports respectifs.

Le rassemblement des Congolais du monde, loin d'être une simple nostalgie citoyenne, sera la mise en commun d'expériences professionnelles capitales, de compétences techniques et d'aptitudes scientifiques remarquables, et de disponibilités financières non moins exubérantes acquises par des Congolais résidant en Afrique, en Europe, en Amérique, en Océanie et en Asie. Loin d'être un rêve, cette Nation Congolaise Mondiale est la chance nouvelle de notre développement. C'est sur elle que va s'édifier la force du Congo que ses fossoyeurs s'emploient à affaiblir tous les jours de l'intérieur.

La double nationalité
au cœur de la Nation Congolaise Mondiale

En prenant conscience que la modernité des Etats et des peuples suppose l'interdépendance et l'interculturalité, sachant que les grandes nations du monde puisent leur puissance dans un alliage démographique fait de peuples venant d'horizons divers, nous nous engageons à rétablir le principe de la double nationalité et à proposer une législation sur la nationalité qui, affirmant les intérêts de la nation, accueillera le nouveau citoyen comme un nouveau souffle, sans renier nos valeurs, sans compromettre l'équilibre social de la communauté, et selon des lois de la République, qui doivent être claires, fermes et précises.

EPILOGUE

La RDCongo

Comme un seul homme, en marche vers la perfection

A ceux qui doutent de la politique parce qu'ils n'ont plus confiance…

A ceux qui savent et reconnaissent que nous vivons dans un monde complexe, où la survie et la prospérité des nations dépendent de la capacité des élites au pouvoir à savoir construire de nouvelles articulations entre l'économique et le social, entre l'Etat et le marché, entre le rôle des pouvoirs publics et celui de la société, entre l'initiative individuelle et celle de l'action collective…

A ceux qui, refusant résolument la fatalité du sous-développement, sont prêts à réaliser cette nouvelle synthèse politique au service d'une pédagogie de l'action publique ; en maintenant l'homme, son avenir et la maîtrise de son destin au cœur du projet politique...

A ceux qui savent que guerre, misère et épidémies ne doivent en aucun cas semer désespoir, fatalisme, résignation et découragement, parce que le destin des grands peuples transite d'abord par la souffrance avant d'aborder la grandeur, la peine avant la gloire, la guerre avant la paix, le sous-développement avant la prospérité et le mieux-être collectif, les déchirements avant la cohésion sociale…

A ceux qui savent que le tribalisme retarde l'affermissement de la citoyenneté, et qui sont prêts à rejoindre notre projet de convergence des traditions et coutumes, pour donner à la Patrie de véritables racines citoyennes…

A ceux qui veulent que la tribu cesse d'être objet de clientélisme politique et lieu de relents xénophobes, parce que les préceptes traditionnels seront répertoriés, harmonisés et codifiés pour irriguer l'éthique républicaine, et servir de principal bréviaire des règles de droit et de sève du patriotisme…

A ceux qui déplorent la sorcellerie et le fétichisme parce qu'ils mettent à nu l'âge infantile de l'âme congolaise, et considèrent que vaincre, par tous les moyens, cet infantilisme et proclamer le rationalisme congolais, c'est le prix à payer pour atteindre la société des ingénieurs, des chercheurs et des entrepreneurs que nous voulons...

A ceux qui ont compris qu'il est venu le temps où tout Congolais doit devenir un individu qui a foi en lui, qui est compétent, intelligent, vertueux, travailleur, assidu à l'école, discipliné au travail, entrepreneur, créateur, audacieux, et plus jamais se complaire dans une image négative de lui-même et de sa patrie...

A ceux qui savent que les secrets du redressement et de la prospérité du Congo résident dans la capacité de ses dirigeants à penser et à agir dans une optique mondiale, à n'épargner aucun effort pour créer sur place les conditions propres à faire du pays le modèle des pays africains désireux de faire véritablement partie d'une économie mondialisée...

A ceux qui ont conscience que le Congo doit instamment se donner les règles de terre d'entreprises, en mettant en place une fiscalité incitative et intelligente, en recapitalisant l'entreprise publique là où c'est indispensable et en privatisant là où le bon sens le recommande, en organisant le respect de la propriété privée, en adoptant une stratégie économique fondée sur le principe d'intégrité budgétaire, qui redonne vigueur à l'activité économique, qui soutienne et encourage le désir d'entreprendre, de créer, d'innover, et de réussir par d'autres chemins que celui de l'assistanat, et en construisant un espace économique libéré de toute entrave à l'embauche, afin que les entrepreneurs récompensent mieux le travail et le mérite, qu'ils reconnaissent les compétences et les valorisent, qu'ils utilisent mieux les talents et les énergies.

A *tous ceux-là et aux citoyens capables de sacrifier du temps et de la peine au bien commun et à la construction d'une communauté nationale de cœurs et d'esprits...* Je propose la Révolution du Bon Sens pour doctrine.

Ce renouveau des mœurs et des comportements exprime une ferme volonté d'asseoir l'action politique sur les aspirations profondes des Congolais au changement, et leur désir de progrès et de mieux vivre ensemble. C'est un contrat de confiance, un serment devant la Patrie, une parole donnée pour qu'ensemble, tous ensemble, nous donnions à la République Démocratique du Congo le ressort et la force d'affronter son avenir. La Révolution du Bon Sens propose que partout où il y a quelque chose à faire, les bonnes volontés se mobilisent dans la hardiesse et sous l'égide du bon sens, de la revendication à la contestation jusqu'à la gestion et la décision, en passant par le contrôle et la discussion. La Révolution du Bon Sens est donc un projet de civilisation, élaboré dans l'ambition d'être l'instrument de base du nouveau départ du Congo.

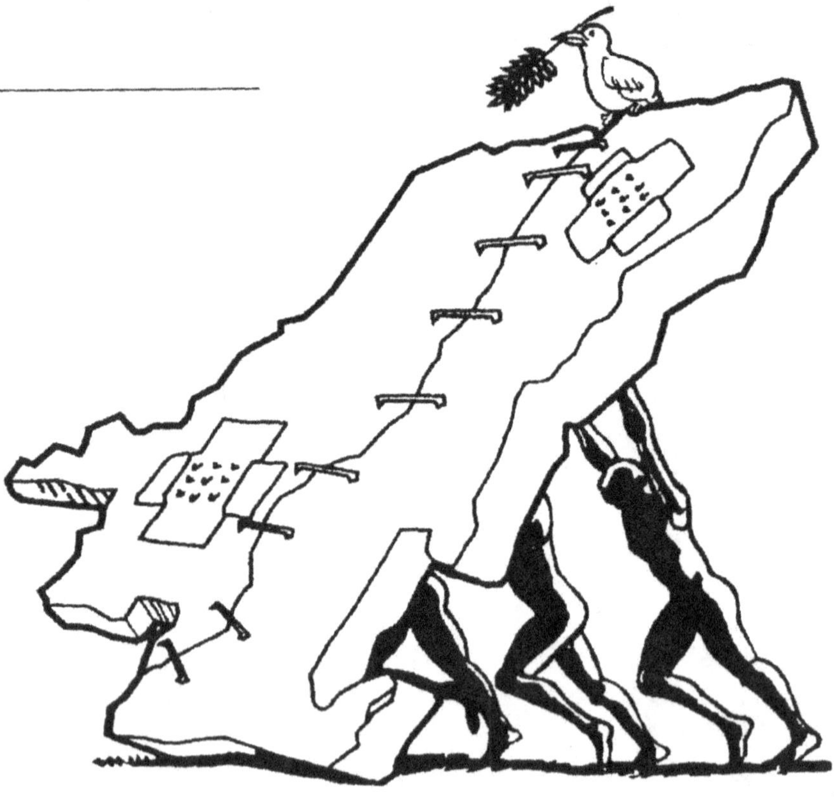

La Révolution du Bon Sens

L'Afrique à l'Harmattan

GÉOPOLITIQUE DE LA VALLÉE DU SÉNÉGAL. Les flots de la discorde
VANDERMOTTEN Céline
Le conflit sénégalo-mauritanien de 1989 ne relève pas d'une querelle frontalière classique. Le fleuve Sénégal est source de vie et sa vallée cristallise de nombreux enjeux humains, politiques et environnementaux. Cet ouvrage examine les tenants et les aboutissants de tensions trop vite qualifiées d'ethniques, mais qui s'inscrivent en fait tant dans les suites de l'histoire précoloniale et coloniale que dans les difficultés économiques et écologiques majeures subies par le Sénégal et la Mauritanie et dans le contexte géopolitique de l'Afrique de l'ouest.
(Coll. Etudes Africaines, 14,70 €, 166 p) *ISBN 2-7475-5855-X*

GUIDE DES ÉTUDES AFRICAINES
LOMBARD Raphaële
Comment orienter ses études vers la recherche sur l'Afrique ? A quelle université s'adresser pour poursuivre un cursus en droit africain ? Comment obtenir des informations récentes sur le développement d'un pays ? Ce guide des études africaines a été rédigé pour aider à répondre à ces questions. Se présentant comme un petit annuaire, il répertorie un certain nombre de centres de recherche et d'associations à travers toute la France, de bibliothèques et centres de documentation, ayant pour point commun leur intérêt pour l'Afrique subsaharienne.
(13 €, 138 p) *ISBN 2-7475-6125-9*

LES TENSIONS SUR L'ACTIVITÉ EN AFRIQUE DE L'OUEST
Une approche comparative Nord-Sud
GUILLON Roland
L'Afrique de l'Ouest est une région du Sud dont les activités économiques sont soumises à des tensions. L'auteur se livre ici à une analyse socioéconomique et comparative de ces tensions. Il rappelle d'abord un certain nombre de spécificités locales ou régionales, pour introduire ensuite plusieurs traits qui sont liés à l'action des organisations internationales, ainsi qu'à la mondialisation. Il insiste sur le caractère universel des défis que constituent tant pour le Sud que pour le Nord la présence de l'économie informelle, la rencontre entre le marché et les communautés, la déréglementation et la dévalorisation du travail.
(Coll. Ethique Economique, 12,50 €, 128 p) *ISBN 2-7475-5572-0*

A L'AUBE DE LA GÉOGRAPHIE AFRICANISTE
Trois précurseurs disparus "en tournée"
ROUGERIE Gabriel
Jusqu'aux temps de l'entre-deux-Guerres, les seuls modes d'appréhension de la réalité africaine relevaient de l'ethnologie, de la linguistique, de la botanique ou de la géologie, essentiellement réalisés par les missionnaires et les administrateurs. En 1929 puis en 1942, J. Weulersse, J.C. Leclerc et J. Richard-Molard prennent contact avec cette Afrique. Tous moururent "sur le terrain", au cours de cinq années, au lendemain

de la Guerre. Cet ouvrage analyse leur oeuvre, et le développement d'une géographie faite d'Européens et d'Africains, qui a suivi la disparition de ces trois précurseurs.
(Coll. Les tropiques entre mythe et réalité, 21,50 €, 250 p) *ISBN 2-7475-5969-6*

AFRIQUE : LES STRATÉGIES FRANÇAISE ET AMÉRICAINE
BAGAYOKO-PENONE Niagalé
Cet ouvrage propose tout d'abord une réflexion sur le type de conflictualité que l'on constate actuellement au sein de la sous-région ouest-africaine et sur les mécanismes de prévention et de gestion des conflits qui y prévalent. Il offre par ailleurs un cadre d'analyse méthodologique pour les stratégies telles qu'elles sont aujourd'hui conçues en France et aux Etats-Unis, en mettant en évidence des paramètres tels le déroulement des processus de décision, les approches doctrinales et opérationnelles, les cultures stratégiques des deux pays.
(Coll. Etudes africaines, 48 €, 620 p) *ISBN 2-7475-5671-9*

AFRIQUE CENTRALE, UNE RÉGION EN CRISE
Alphonse J-C. MNANNEE-BATSCHY, Raymond Timothée MACKITHA, ILUNGA LULLA, Jean-Pierre YETNA, Axel AUGE, MBOKA Kiese, MAWAWA Mâwa-Kiese.
Plusieurs articles et réflexions sur les pays d'Afrique centrale : Perceptions, identités et Territoire en politique (Congo-Brazzaville) - La misère du droit dans la jungle politique congolaise - Quelle nationalité pour les Banyamulengue du Congo-Démocratique ? - Evolution de la liberté d'information au Cameroun 1960-1990 - La théorie de "l'école reproductrice" à l'épreuve de la réalité éducative au Gabon.
(Coll. Recherches Africaines, 12,20 €, 122 p) *ISBN 2-7475-5785-5*

AFRIQUE DES FEMMES, AFRIQUE D'ESPOIRS
SKARD Torild. Préface de Catherine COQUERY-VIDROVITCH
Qu'est-ce que l'Afrique en ce début du 21ème siècle ? L'Afrique des gens ordinaires, tout spécialement l'Afrique des femmes, celle des mères et des enfants. Ce sont elles, avant tout, qui œuvrent au développement des enfants, en assurant la subsistance de la famille, en recourant aux soins de santé primaires, en exigeant d'ouvrir l'école tant aux garçons qu'aux filles. Ce sont elles le maillon de la résistance sociale. Cette "ressource la moins utilisée au monde" donne la preuve de sa compétence et de sa responsabilité, lorsqu'on veut bien leur laisser le champ libre.
(31 €, 368 p) *ISBN 2-7475-6172-0*

L'AFRIQUE ENTRE OMBRE ET LUMIÈRE
Carnet de route d'un journaliste
SIGNATE Ibrahima
Ce livre est une succession de séquences qui décrivent un itinéraire personnel, campent des personnalités remarquables, jettent un éclairage original sur des événements, dévoilent certains aspects de la "comédie du pouvoir". De Bokassa à Mandela, en passant par Julius Nyéréré, Kenneth Kaunda, Khadafi, Abdou Diouf, Alpha Oumar Konaré, Tombalbaye, Lissouba, Eyadéma, Abdoulaye Wade, l'auteur dit sans détour, ce qu'il sait de ces hommes qui ont marqué l'histoire de l'Afrique contemporaine. C'est l'Afrique de l'ombre et de la lumière, forcément contrastée.
(20 €, 232 p) *ISBN 2-7475-5966-1*

AFRIQUE FRANCOPHONE ET DÉVELOPPEMENT DU SPORT DU MYTHE À LA RÉALITÉ ?

Sous la direction de Patrick BOUCHET et Mohammed KAACH

Maintenant que le sport moderne, introduit par la colonisation, fait partie de la vie des citoyens de l'Afrique francophone, peut-il contribuer au développement économique et social de ces pays ou demeure-t-il un mythe ? Il est aujourd'hui difficile de répondre entre la volonté de certains dirigeants de ces nations de développer le sport selon les valeurs occidentales, d'élus politiques qui désirent concilier valeurs traditionnelles de l'Afrique avec une gestion moderne du sport, et certains régimes "islamistes" qui refusent les modèles issus de l'idéologie libérale. Cette recherche s'articule autour de 3 thèmes : les politiques nationales, le tourisme et le loisir sportif, les spectacles sportifs et le professionnalisme.

(30,50 €, 354 p) *ISBN 2-7475-6257-3*

L'AFRIQUE ORIENTALE. Annuaire 2003

Sous la direction de Hervé MAUPEU

Les pays de l'afrique orientale (Kenya, Ouganda, Tanzanie) gardent leurs airs d'élèves appliqués de la "bonne gouvernance". Cet annuaire présente les contours des débats politiques et sociaux qui ont marqué la vie publique de ces trois pays en 2003. Havre, de stabilité, ces trois pays n'en sont pas moins intégrés aux structures régionales de conflits dont elles sont des parties prenantes décisives. Un dossier sur les relations internationales fait le bilan de l'action diplomatique du président Moi, présente un rare historique des relations éthio-kenyanes et analyse le processus de résolution du conflit somalien.

(33,54 €, 410 p) *ISBN 2-7475-5691-3*

ALLIANCES PEULES EN PAYS SAMO (Burkina Faso)

BARRY Aboubacar

Les Peuls du pays samo avaient su négocier, en s'y établissant, des alliances sociales et politiques, qui leur avaient permis d'obtenir une place à la lisière des villages et de la brousse. Bien qu'étant minoritaires dans cet espace, ils ont réussi à maintenir leur "différence. La mise en perspective de leurs pratiques et représentations constitue une contribution aux réflexions récurrentes sur "l'ethnicité peule" et sur les effets des transformations sociales et politiques actuelles sur leur identité.

(Coll. Etudes africaines, 12,20 €, 126 p) *ISBN 2-7475-6012-0*

L'APR ET LES RÉFUGIÉS RWANDAIS AU ZAÏRE 1996-1997
Un génocide nié

MUSABYIMANA Gaspard. Préface de Helmut STRIZEK

En 1996-97 tous les camps des réfugiés hutu rwandais, situés au Sud et au Nord-Kivu, furent bombardés puis démantelés par l'armée tutsi. Les rescapés furent traqués dans les forêts inhabitées de la RDC pour y être achevés, le nombre de disparus s'élevant à 200 000. Le Haut Commissariat pour les réfugiés ainsi qu'une partie de la "communauté internationale" ont une grande part de responsabilité dans ces assassinats de masse vraisemblablement ordonnés par Kigali. Qualifiés ou non de Génocide, les massacres des réfugiés rwandais au Zaïre constituent un crime contre l'humanité.

(19 €, 226 p) *ISBN 2-7475-5690-5*

AU PLUS PRÈS DE BRAZZA
ODIKA Michel
Récit relevant de l'autobiographie, Au plus près de Brazza met en scène un personnage dont les vacances au pays natal seront perturbées par une guerre civile. Pour être meurtrière, cette guerre civile n'en est pas moins libératrice. Au-delà du simple réquisitoire dressé contre la guerre, et la violence qui s'y rattache, l'auteur explore les causes, profondes et insoupçonnées, à l'origine de l'égarement du Congo dans la surenchère meurtrière. Il convie les Africains, dont l'histoire contemporaine s'apparente à celle des Congolais, à se réapproprier leur passé récent.
(12 €, 138 p) *ISBN 2-7475-5697-2*

AUX SOURCES DU FLEUVE CONGO
Carnets du Katanga (1890-1893)
BRIART Paul. édité par Dominique RYELANDT
A la fin du XIXè siècle, Paul Briart voyagea jusqu'aux sources du Lualaba (le fleuve Congo à sa naissance) comme médecin d'une expédition belge, dont le but trompetté était "d'apporter la civilisation aux nègres" tout en les débarrassant des traiteurs "arabes" ou plutôt arabisés. Conquête et exploitation coloniale supposent le mépris du colonisé. Les carnets de Briart sont représentatifs de ce mépris général. Témoin neutre, il considère l'esclavage comme une fatalité, les pacifications comme nécessaires.
(Coll. Congo-Zaïre - Histoire et Société, 30 €, 370 p) *ISBN 2-7475-4861-9*

LE CONGO-BRAZZAVILLE DE L'ÉTAT POSTCOLONIAL À L'ÉTAT MULTINATIONAL
GOUEMO Régis
Le passage de l'Etat post-colonial à l'Etat multinational constitue la seule alternative à la construction de l'Etat et de la nation, inexistante à l'heure actuelle en Afrique au Sud du Sahara. L'exemple du Congo-Brazzaville montre que l'Etat multinational est fondé sur une nouvelle rationalité : l'intégration de tous les facteurs juridiques et politiques négateurs de l'Etat-nation. La problématique novatrice de l'Etat multinational, qui réconcilie les nations jadis désétatisées, dans des Etats- a-nationaux en fait la construction que l'Afrique se doit d'expérimenter durant le 21è siècle.
(Coll. Etudes Africaines, 22,50 €, 268 p) *ISBN 2-7475-5968-8*

LA DÉMOCRATIE ET SES BLOCAGES AU CONGO-KINSHASA DE 1958 À NOS JOURS
TSHIMANGA BAKADIABABU Evariste
Le système démocratique est devenu une exigence et une valeur universelles car il est censé favoriser la stabilité politique, la paix civile durable, le développement économique d'un pays et la garantie de sa "bonne gouvernance". De ce point de vue, cet ouvrage analyse la situation du Congo-Kinshasa depuis les dernières années de sa période coloniale à aujourd'hui. L'auteur s'est efforcé d'identifier les facteurs considérés comme des blocages successifs à l'avènement d'une société congolaise démocratique.
(Coll. Points de vue concrets, 22 €, 270 p) *ISBN 2-7475-5688-3*

www.ingramcontent.com/pod-product-compliance
Lightning Source LLC
LaVergne TN
LVHW011006061026
849535LV00006B/1741